신 원장의
1프로
스피치 처방전

신 원장의 1프로 스피치 처방전

초판 1쇄 발행 2022년 8월 8일

지은이 1프로 신 원장
펴낸이 장길수
펴낸곳 지식과감성#
출판등록 제2012-000081호

교정 이혜지
디자인 이은지
편집 이은지
검수 김우연, 이현
마케팅 고은빛, 정연우

주소 서울시 금천구 벚꽃로298 대륭포스트타워6차 1212호
전화 070-4651-3730~4
팩스 070-4325-7006
이메일 ksbookup@naver.com
홈페이지 www.knsbookup.com

ISBN 979-11-392-0570-1(03190)
값 13,900원

• 이 책의 판권은 지은이에게 있습니다.
• 이 책 내용의 전부 또는 일부를 재사용하려면 반드시 지은이의 서면 동의를 받아야 합니다.
• 잘못된 책은 구입하신 곳에서 바꾸어 드립니다.

지식과감성#
홈페이지 바로가기

효과 빠른 스피치

신 원장의
1프로
스피치 처방전

개정판

1프로 신 원장 지음

실패했고 실패했던 진짜 요인들

스피치의 실패 확률이 유난히 높았다면
당신에게 딱 맞는 처방전을 통해
그 이유를 냉정히 분석해보자

지식감정

머리글

한 고등학교에 흔히 말하는 악덕 학교 짱이 있었다.
모든 학생들이 '이 짱'의 말 한마디 한마디에 두려움을 느끼고 있을 무렵,
어느 날 한 전학생이 찾아온다.
전학생은 이 학교의 분위기를 아직 파악하지 못하고 있었다.
어느 날 짱은 수많은 학생들 앞에 서서 이렇게 말한다.
"내 말을 안 들으면 다 혼날 줄 알아!! 알았어?! XX들아!!"
"혹시라도 까불고 싶으면 (주먹을 내보이며) 내 주먹 보고 까불어, 알았냐?!"
그렇게 모두가 기죽어서 고개 숙이고 있을 무렵 갑자기 전학생이 벌떡 일어나 한마디 한다.
"저기, 잘 모르나 본데 (두 주먹을 올리며) 내 주먹도 두 개야."
"친구들 주먹 다 모으면 니가 이길 수나 있겠냐?"
그때 수많은 친구들은 이 갑작스럽고 예상치 못한 상황을 직면하게 되었고 급기야 곳곳에서 박수가 터져 나왔다. 이어 제창 삼창도 등장하게 된다.
"맞아, 쟤는 우리 학교 짱이 아니야."
"우린 너를 대표로 뽑은 적이 없어."

하던 대로 하면 살던 대로 산다고 했듯이 많은 학생들은 자신들의 잠재된 능력을 스스로 포기한 채 살아왔을 것이다. 또한 전학생의 태도에 모두 정신이 번쩍 들었을 것이다.

진정 용기를 탑재한 말 한마디의 위력이다.

사람들은 대부분 말을 잘하기 위해 노력해 왔지만, 말보단 진짜 용기가 우선이 아닐까 한다.

이 책 『신 원장의 1프로 스피치 처방전』에서는 사람을 상대하는 방법들이 그득히 기재되어 있다.

마치 증상에 맞는 처방전처럼 상황별 색인을 통하여 적용할 수 있게 정리되어 있다.

스피치 처방전으로 하여금 진짜 자신감을 멋지게 발휘하자.

직장에서도 가정에서도 그 밖의 여러 상황에 가장 많은 박수를 받게 될 것이다.

그럼, 몸에도 좋고 맛도 좋은 스피치 처방전을 열람해 보자. ^^

세상에서 가장 나쁜 것들은 바로 시작된다.

바이러스

바퀴벌레

바로 두려움

가장 중요한 것들도 바로 시작된다.

바로 당신

바로 여기

바로 지금

목차

머리글 • 4

실패했고 실패했던 진짜 요인들(일명 '없다' 시리즈) • 10

[1] 토론할 때 : 순매전적탕(순발력, 매너, 전문성, 적극성) • 15

[2] 상담할 때 : 역지사지탕(역발상, 지속성, 사례, 지피지기) • 20

[3] 상담할 때 : 관절경진탕(관계지향성언어, 절차에 입각,
경청과 리액션, 진정성) • 25

[4] 사회 볼 때 : 선방불패탕(오락, 유희, 예능) • 30

[5] 사회 볼 때 : 순창적응탕(일반 : 설명회, 토론, 기념식 등) • 36

[6] 프레젠테이션을 위한 삼연기법탕(연쇄법, 연상법, 연관법) • 45

[7] 프레젠테이션을 위한 경제발전탕(경청술, 제스처, 발성, 전문성) • 52

[8] 기초 스피치를 위한 가개탄방탕(가슴자, 개머리판, 탄창, 방아쇠) • 62

[9] 회의나 연설을 위한 3분 스피치 : 주정예현탕
(주제-정의-예화-현재의 언급) • 96

[10] 모든 스피치에 적용 : 이에콘마탕
(이미지, 에너지, 콘텐츠, 마인드) • 102

[11] 면접 답변을 위한 4대 노선탕
(받아 주기-결론짓기-예를 들기-미래로) • 125

[12] 면접 답변을 위한 능능애매탕

    (능력, 능청, 애환 지수, 매력 지수) • 139

[13] 면접 답변을 위한 반발이논탕

    (반응 속도, 발성 상태, 이미지, 논리) • 149

[14] 토의할 때 : 경제표공탕

    (경청하기, 제스처, 표정, 공감하기) • 165

[15] 생각두절 : 구구단법탕(공백을 줄여 가는 기법) • 174

[16] 낭독 공포 : 칭박탕(칭찬+박수=자유) • 178

[17] 무대 공포 : 독백근절탕(자아의식으로부터 해방을!) • 182

[18] 불리한 질문 : 인반확공탕(인정, -반전, -확신, -공감) • 189

[19] 스토리텔링 : 상고노결탕

    (상황설정, 고민하기, 노력사례, 결론제시) • 199

[20] SPIRIT OF SPEECH : 4맨탕(foreman soup)

    (맨정신, 맨손, 맨발, 맨몸) • 215

[21] 유쾌함을 만드는 스피커 : 반명함탕(반응, 명령, 함성) • 224

[22] 눈빛과 표정이 곧 설득력 : 이씨쓰리탕(EC3) • 230

[23] 잡히고 보이는 모든 것이 이야깃거리다 : 은유시인탕

    (Metaphor) • 233

실패했고 실패했던 진짜 요인들
(일명 '없다' 시리즈)

"목.표.경.인.시.시.시.공.음.신."

실패하는 스피치는 이유가 있다. 실패 확률이 유난히 높았다면 아래의 이유 중 하나일 것이다. 그 이유들을 냉정히 분석하고 정리해 본다. 이후의 스피치는 실패가 없어야 하며 실패가 없을 수밖에 없다고 감히 확신해 본다.

ex) 1. 목표가 없었다
무엇을 위한 발표인지 목표를 확실히 설정해야 한다.

* 학업 성적을 위한 발표인가?
* 고객을 돕기 위한 설명인가?
* 대상자를 설득하기 위함인가?
* 거래를 성사하여 성과를 만들기 위함인가?
* 자신의 입장을 표명하고 정당화하기 위함인가?
* 친교를 위한 아이스 브레이킹인가?
* 이해를 위함인가? 행동을 유도하기 위함인가?

ex) 2. 표정이 없었다
발표의 내용과 일치되는 표정이 공감과 설득력으로 이어진다.

* 굳은 의지의 표정을 보일 수 있는가?
* 밝게 웃으며 소통할 수 있는 얼굴 표정인가?
* 놀라움, 감탄하기 등의 표정을 활용하는가?
* 내용과 상반되는 경직된 표정만을 고집하고 있는가?
* 양 눈썹과 입꼬리의 움직임이 자연스러운가?

ex) 3. 경험이 없었다
성공이든 실패든 깨알과도 같은 경험들이 결국 자산이 된다.

* 발표 기회를 회피하진 않았는가?
* 자신의 잠재력을 방치하진 않았는가?
* 누구처럼만 하면 된다고 확신했는가?
* 한두 번의 실패로 쉽게 포기했는가?
* 발표 기회에 적극적인 자세를 보였는가?

ex) 4. 인정이 없었다
누구나 발표 중 위기에 직면한다. 이때가 기회다.

* 실수를 인정하지 않고 그대로 강행했는가?
* 명백한 자신의 실책을 상대방의 탓으로 돌리고 있었는가?
* 자신은 실수가 없어야 한다는 부담감으로 발표했는가?
* 자신의 컨디션이나 발표 숙지 상태를 공개했는가?
* 치명적 실수에 책임을 다하였는가?

ex) 5. 시선 처리가 없었다

본다는 것은 일종의 끈과 같아서 끊어지면 묶을 수 있어야 한다.

* 애써 외면하며 발표하지 않았는가?
* 자신의 말을 경청하고 있는지 확인이 되었는가?
* 대화형 발표가 없는 주도형 발표만 고집하고 있었는가?
* 자료나 화면 등 청중의 반응에 관심을 주었는가?
* 청중에게 시선을 둔다는 것 자체가 두려웠던가?

ex) 6. 시간을 지키지 못했다

명강사의 기준안 1번은 시간을 지킬 수 있는지의 유무로 시작된다.

* 발표 중 의도치 않은 자기경험에 도취된 적이 있는가?
* 청중들이 자신의 모든 발언에 관심을 보일 것이라 생각했던가?
* 발표 도중 소요시간을 체크하며 발표했는가?
* 실제 발표 이전 최소한의 리허설(소요시간 관리)은 있었는가?
* 의미 없는 잡담이나 필요 이상의 Q&A에 비중을 두었는가?
* 현장에 미리 도착하지 못했으며 상황을 통보하지 못했는가?

ex) 7. 시도를 한 적이 없었다

'내 것이다' 생각되면 손부터 들 수 있어야 한다. 그것이 스피치의 시작이다.

* 발표란 애초에 내 것이 아니라고 생각하진 않았는가?

* 내가 아니라도 누군가대신 하리라 믿진 않았는가?
* 사람들로부터 주목을 받는 것에 매우 부담을 느끼고 있는가?
* 경험이 없으므로 반드시 실패한다고 포기하진 않았는가?
* 평소 가만히 있으면 중간이라도 가야 한다는 생각으로 살아오진 않았는가?

ex) 8. 공감이 없었다
박수는 최고의 공감이다. 동물원 물개들도 이 사실을 알고 있었다.

* 청중들과의 인사말에 인색하진 않았는가?
* 박수를 유도할 수 있는 많은 기회들을 저버리진 않았는가?
* 세대별 트렌드 분석을 간과하진 않았는가?
* 발표의 도입이 얼마나 중요한지 인지하고 있었는가?
* 마이크 상태나 퍼포먼스 등 발표 환경을 체크하였는가?
* 날씨/시사 등 가벼운 주제를 가볍게 제시했는가?

ex) 9. 음성이 불안하다
두려움에 직면한 사람은 동공, 손, 호흡 등이 가장 먼저 불안해진다.

* 기초 발성훈련은 충분히 했는가?
* 자신만의 보이스컬러는 설정했는가?
* 어미 처리의 개념을 알고 있는가?
* 말의 속도가 너무 느리거나 너무 빠름을 인지했는가?
* 자신만의 발음 상태를 점검했는가?

ex) 10. 신념이 없었다

과감한 시도는 과감한 박수를 부르고, 소심한 시도는 소심한 박수를 부른다.

* 자신의 능력을 너무 하향시키진 않았는가?
* 훌륭한 발표는 그들만의 것이라고 미리 판단해 버리진 않았는가?
* 자신의 삶엔 모험이나 개척, 도전하는 삶이 아니라고 확신하지 않았는가?
* 발표뿐만 아니라 여러 대인관계 속에서도 쉽게 나약해지는 자세인가?
* 경쟁보다는 유난히 합류하는 모습만을 고집하거나 그치지 않았는가?

"좋은 눈을 가졌어. 많이 맞아 봐서 그런지 상대방이 어딜 때릴 줄 알아."
- 영화 〈싸움의 기술〉 중 -

실패하는 스피치의 요인들을 충분히 숙지했으니 이젠 본격적으로 실패확률을 줄여 나아갈 때이다. 과감히 페이지를 넘겨 보자!!

[1] 토론할 때 : 순매전적탕
(순발력, 매너, 전문성, 적극성)

토론을 하는 목적이 있다면 일상생활의 여러 가지 문제들을 합리적으로 해결하기 위함이다.

특정 문제에 대하여 찬성 측, 반대 측으로 나뉘며 양측의 여러 관점과, 근거, 사례 등을 바탕으로 설득력 있게 말해야 한다. 특히 두 측으로 나뉜 구조를 띠게 되므로 주도성을 갖춘 참가자가 있기 마련이고 적극성을 발휘하지 못하고 대적하지 못하므로 이른바 묵언하고 있는 참가자도 생겨나게 된다. 그러므로 토론을 정말 잘한다는 것은 적극성, 전문성, 매너와 단합능력까지 고루 갖춘 참가자들의 모습이 진정 토론을 잘하는 유형이라 구분 지을 수 있다.

1. 순매전적탕

순발력과 매너 전문성과 적극성의 이니셜이며 순매전적탕 처방을 통해 여러 토론의 현장에서 안정적인 모습을 기대할 수 있다. 최소, 어두운 표정으로 미동도 없으며 발언도 하지 못하는 무의미한 행동으로부터 자유로울 수 있는 효능이 있다.

먼저 토론에서의 순발력은 일반적인 연설, 설교, 상담과 다르게 상대측의 발언과 행동에 한 수 앞서서 생각할 수 있는 지혜가 필요하며 그 자체가 순발력으로 승화된다.

가령 '여성흡연문제'라는 주제가 토론의 주제라고 가정하고 자신이 이 주제에 대해 언급할 내용이 많다 할지라도 상대측의 발언을 한발 앞서 예측한다면 어떠한 발언을 예상할 수 있을까? 그렇다. 자신이 찬성 측이라면, 반대 측에선 생물학적 측면의 주장들을 반대 의견으로 발언했을 가능성이 생겨나며 정서적인 문제와 사상적인 문제점들을 지적하며 반론할 것이다.

이와 같이 상대측이 준비하고 있을 만한 발언들을 미리미리 준비해야 해당 발언에 맞설 수 있는 근거와 사례들을 재빠르게 준비할 수 있게 된다.

즉 지피지기면 백전백승이 된다는 이론이다. 단순히 재치와, 반응의 속도가 월등히 앞서기보단 상대측의 발언들을 한편으로 예상 및 체크하며 동시에 주장할 만한 내용을 함께 장전하는 자세가 토론에서 말하는 기본적인 순발력을 기대할 수 있는 환경으로 구축된다.

2. 매너

다음은 매너에 관한 내용이다. 토론은 주제나 환경에 따라 격조와 안정이 유지되는 경우도 있지만 일반적으로는 양측이 서로 반대되는 의견을 가지고 대립구조를 띠는 것이 보통이므로 격양된 감정과 기운이 거세지는 모습을 흔하게 볼 수 있다. 이때 토론의 매너란 용어나 제스처, 언성 등을 조율해야 하는 소극적 매너와 인신공격, 막무가내, 폭언, 욕설 등을 조율해야 하는 적극적인 매너로 분류할 수 있다. 사실 토론은 후자의 경우가 되어야 원활한 토론?이 진행되는 것이라 평가할 수 있다. 하지만 토론이 토론으로 끝나는 것이 아닌 감정의 골이 깊어지게 되어 토론장 밖에서도 이러한 감정이 유지된다면 이 또한 선진적인 모습이라고 볼 수가 없다.

　토론의 매너는 존중에서 시작되며 그 존중이 진정성을 떠나 고스란히 환원됨을 이해해야 한다. 또한 상대측은 물론 같은 팀원들까지도 경계하거나 동의하지 못하게 되는 경우가 발생할 수 있으므로 압도하려는 자세보다는 협의하려는 자세가 토론의 바른 자세가 된다.

　이는 토론뿐만 아니라 여러 생활에서도 크게 다르지 않을 것이다.

　현실과 상대측과 우리 측의 입장을 헤아리는 이성적 자세로 말한다면 그것이 시대가 바라는 토론의 매너가 된다.

3. 전문성

　양측으로 나뉜 토론의 특성상 각자의 주장엔 그림자처럼 따라붙는 근거가 필수적이다. 학술적 근거, 통계적 근거, 기타 미디어에 의해 공론화된 근거들. 이러한 근거가 없다는 것은 독도가 자기네 것이라고 우겨 대는 형국과 다르지 않다. 심지어 상대측이 자신의 근거에 의해 새로운 사실을 인지하고 인정할 수 있음을 유도한다면 참으로 훌륭한 토론 능력을 보유한 셈이다.

하지만 앞서 등장한 학술, 통계, 미디어에 모순이 드러난다면 그 순간은 오히려 역효과로 이어지게 되고 자신 측의 구성원들에게도 상당한 불이익을 끌어들이게 된다. 가령 TV에서 방송되었다는 이유만을 맹신하거나, 어디선가 봤던 철 지난 통계자료를 내세우거나, 지식과감성#처럼 참된 출판사가 아닌 출처불명의 도서 자료를 토대로 맞서게 된다면 자신을 포함한 구성원 전체의 수준을 의심받게 되는 동시에 고스란히 전세가 역전될 수 있겠다. 언제라도, 주장에 근거와 사례가 함께할 때 자신의 주장이 곧 신뢰받는 주장으로 이어진다.

4. 적극성

2006년 IAU 국제천문연맹은 태양계의 마지막 행성인 명왕성을 퇴출했다고 발표했다. 하지만 명왕성은 아직 그 자리에 그대로 머물러 있다. 지구인들이 퇴출을 하건 안 하건 여전히 그 자리에 명왕성은 존재한다. 지구의 문제도 해결 못 하는 지구인들이 명왕성을 퇴출한다? 태양계의 다른 행성들과 달리 중력과 궤도가 일치하지 않는다는 이유? 왜소한 얼음덩이란 이유? 그렇다면 지구인들이 말하는 기준이란 것이 무엇인가?

또한 지구인들이 원하는 행성이란 무엇이란 말인가?

아!! 자발적으로 손을 드는 '적극성'
상대측 주장에 반론을 제기하는 '적극성'
구성원 전체의 사기를 높이는 '적극성'

감정적 대응이 아닌 이성적 '적극성'

우리의 명왕성이 적극적으로 궤도 활동을 하고 적극적인 중력을 갖추어 언젠가 태양계를 호령하는 시대가 오길 적극적으로 기대해 본다.

[2] 상담할 때 : 역지사지탕
(역발상, 지속성, 사례, 지피지기)

    원활한 상담을 위한 역지사지탕은 제목에서 알 수 있듯이 상담자와 내담자의 입장을 전향하는 자세가 기본적이어야 한다. 또한 내담자로 하여금 근거의 명확성과 실질적인 사례 등을 적용할 수 있어야 하며 내담자의 정신, 심리적 강약의 유무에 따라 동기부여 능력도 요구된다.
    상담을 잘한다는 정의는 내담자의 행동을 유도할 수 있는 능력이라 해도 과언이 아니다.
    이를테면 옷을 파는 점원이 손님을 상대로 좋은 옷이니까 구매해 달라 요구하는 것이 아니라, 이 옷이 이 손님에게 왜 적합한지를 설득시키는 원리와도 같다.
    상담자는 내담자의 의도와 방향성 등에 대해 한발 앞서 있어야 하는 이유이다.

1. 역지사지탕

역지사지탕의 효능은 **역발상적인 사고, 지속성이 요구되며, 사례를 적용하는 지피지기**의 효능과 메시지를 갖는다. 학원이나, 은행, 병원 등 그 외의 여러 상담 환경에서 무게중심?이 있다면 그 무게는 어디에 있다 할 수 있겠는가? 누군가는 상담자 자신에게 비중을 두어야 한다는 주장도 있을 수 있겠지만 필자는 내담자에게 과반수 무게 중심을 걸어야 한다고 확신한다.

그 이유는 다음과 같다. 내담자의 심리상태, 학습능력, 인지와 지각 능력 등을 고려하지 않고 상담이 진행된다면 그 상담은 문제해결을 위한 진정성이 상실된 시간이 되는 것이며, 이는 마치 영혼은 없지만 살아 숨 쉬는 인간 ARS에 불과한 것이다.

2. 역발상

먼저 역발상에 능해야 한다는 것은 내담자의 심리를 우선적으로 예견해야 하는 감각 중의 하나이다. 그 문제가 무엇이건 간에 요즘과 같은 시대에선 남녀노소를 불구하고 언제 어디서나 인터넷 찬스를 쓸 수 있는 시대이다. 자신이 직면한 문제를 해결하기 위하여 백방으로 분석하고 연구하고 비교해 보았을 가능성이 높은 내담자들은 언제나 증가 추세이다.

또한 내담자들의 이러한 자세가 상담자들의 전문성과 경쟁력을 증진시키는데 일조할 수 있으므로 한편으론 바람직한 태도라고 할 수 있다. 그러므로 상담자는 내담자들의 문의사항, 해결점을 위하여 내담자들의 배경이나 환경을 예측할 수 있어야 하며 일반적인 상담목차나 획일화된 상담 자료만을 고집한다면 좋은 결과가 멀어질 수 있겠다. 의외의 대안, 미풍양속을 넘어서지 않으며 양심적 원칙 내에서 시도해 볼 수 있는 여러 아이디어 등을 제시하는 것도 좋은 방법이다. 물론 황당할지라도 말이다.

3. 지속성

또한 상담은 강호들의 축구경기와 같아서 전세와 기세가 불리한 상황이 발생할 수도 있고 막힘없는 일사천리 상담이 될 수도 있다. 분명한 것은 내담자의 기대를 충족시켜 줄 때까지 자신의 전문성을 쉽게 포기하지 말자는 것이다. 내담자들의 성향은 나이와 환경, 처한 상황 등에 의해 느긋한 상담이 될 수도 있고 다급하고 절박한 상담이 될 수도 있다. 그러므로 내담자의 인격에 의해 내담자를 가리는, 거부하는 모습은 정상적인 상담이 아니라고 할 수 있다. 심지어 인성이 좋지 않은 내담자라 할지라도, 그들이 악의적 의도를 가졌다 할지라도 그들의 의도를 무마시킬 수 있는 여유와 안정적인 시나리오를 제시할 수 있어야 한다.

예를 들어 노인이 말귀를 못 알아들어서, 어린아이가 수준이 안 맞아서, 외국인이 이해를 못 해서 폭언하는 내담자가 불쾌해서 등등의 여러 이유로 상담의 중심을 잡아가지 못한다면 우리가 할 수 있는 상담의 폭은 너무도 제한적인 것 아니겠는가. 영화 〈달마야 놀자〉에 등장한 노승의 대사처럼 나도 밑 빠진 너희들을 내 마음에 던졌을 뿐이야 하듯 내담자들의 마음마저 받아 주고 유지하는 지속성이 무엇보다 중요하다.

4. 사례

다음으로는 사례 등을 적용하는 상담의 기법이다.

앞서 언급했듯이 절박함을 짊어진 내담자는 어쩌면 원기를 회복시켜 준다는 한약제보다 즉시 열을 내려 주고 증상을 완화시키는 아스피린과도 같은 상담을 요구하는 상황이 흔할 것이다.

그러므로 상담자는 내담자의 심리를 마치 온열 치료하듯 편안하고 안정적인 이야기 속으로 안내할 수 있어야 한다. 상담자 자신이 알고 있는 이야기이든 경험했던 이야기, 교훈이 될 만한 여러 에피소드들 가운데 내담자의 상황이나 환경에 직결될 수 있는 사례를 안내하며 내담자의 정신적 긴장을 완화하는 동시에 내담자가 긍정적인 투사를 할 수 있도록 마음의 문을 열어주고 길을 안내해 주고 선택을 도우며 심지어 희망을 체험할 수 있도록 돕는다.

창의성을 이용하여 방법을 만들었던 사례, 열정적인 도전으로 목적을 이룬 사례, 누군가와의 협동, 협업으로 문제를 해결한 사례, 절체절명의 위기를 극복한 사례, 서로 간의 갈등과 대립관계를 완화시켰던 사례 등 내담자가 동의할 수 있을 만한 여러 사례들을 곡간 식량 채우듯 가득히 갖추고 있어야 한다. 내담자들은 상담자의 사례 중 자신에게 해당되거나 일치되는 부분이 생긴다면 경청의 자세는 물론 여러 행동의 변화를 보이게 된다. 마치 영화 〈왕의 남자〉에 등장한 왕의 모습처럼 인형극 따위에 자신의 입장을 대입하는 효과와 같다.

 끝으로 내담자의 목적, 심리상태, 주변인물과의 관계 등 내담자의 환경을 우선적으로 이해하는 자세 또한 중요하다. 내담자의 환경을 인지하지 못하고 상담을 하게 되면 마치 스무고개 게임 하는 듯한 대화가 될 수 있으며 상담을 통해 극복할 수 있는 방향성의 상실과 더불어 상담의 진정성마저 상실될 수 있으므로 상담자는 매 순간 새로운 마음을 가지고 내담자를 맞이해야 한다. 물론 말은 쉽지만 반복적 일상과 반복적 상담은 이내 염증을 일으킬 것이고 상담 자체의 실효성을 잃는 시기가 빨라질 수 있다. 모든 직업이 마찬가지겠지만, 첫 마음, 첫 자세를 얼마나 오랫동안 유지할 수 있느냐, 없느냐의 게임과도 같다. 거듭 강조하지만 상담자는 내담자들에게 기댈 수 있는 벽과 같아야 하며 어쩌면 유일한 벽이 될 수도 있으므로 초심을 유지하고 더 오래 유지하고 가장 오래 유지하는 직업의식을 가져야 한다.

[3] 상담할 때 : 관절경진탕
(관계지향성언어, 절차에 입각, 경청과 리액션, 진정성)

우리는 사회 구성원으로서 상담이 불가피한 인생을 살아간다 해도 과언이 아니다.

진로를 위한 상담, 제품구매를 위한 상담, 각종 이용방법이나 요령 등을 위한 상담, 가족 간의 상담, 고객 간의 상담, 친구와의 상담 등 상담에 의해 바른 선택을 할 수 있고 선택에 의해 불이익을 피할 수 있으며 상담으로 하여금 간과했던 정보를 수정할 수도 있게 된다. 이처럼 우수한 상담문화로 인해 자신의 권리를 더욱 행사할 수 있어야 한다.

1. 관절경진탕의 효능

형식적인 언어에 의한 무미건조함을 예방할 수 있으며 내담자를 상대로 독단적인 자세를 자제할 수 있으며 상호간 원활하고 안정적인 밸런스를 기대할 수 있다.

심지어 상담자와 내담자의 관계에서 시작되지만 인간 대 인간으로서의 동병상련을 느낄 수 있게 되며 단순히 열심히 한 상담이 아니라 효율적인 상담인 동시에 박수 받을 수 있는 상담이 되어 보다 화기애애한 분위기마저 이끌 수 있게 된다.

2. 관계지향성 언어

우리 주변에 보면 같은 말이라도 따뜻한 느낌으로 다가오는 사람이 있는가 하면, 같은 말이라도 정말 정 떨어지게 말하는 사람도 있기 마련이다. 만약 여러분이 내담자의 입장이라면 어떠한 상담자와 상담을 희망하는가? 필요한 정보 이외에 친인간형 언어라곤 사용할 줄 모르는 기계적 상담사를 희망하는 이는 많지 않을 것이다.

상담사의 업무능력이 아무리 뛰어나고 아무리 훌륭한 학위를 소지한 사람이라 할지라도

우리들의 친할머니, 외할머니, 어머니, 이모, 고모처럼 정겹고도 훌륭하진 못할 것이다.

여기서의 훌륭함은 바로 관계지향성 언어를 사용할 수 있는 척도를 의미한다.

관계지향형 언어란 곧 상담의 무게중심이다.
상담과정에 간과해선 안 될 사항이 바로 '누구를 위한 상담인가?'이다.
상담자로부터 영혼 없는 Ctrl+V 정보를 듣고 있기도 하며,
상담자로부터 무용담을 듣고 있어야 했던 경우도 있으며,
상담이 산으로 가는 듯한 목적상실적 상황이 될 수도 있다.

만약 누군가가 이 책을 읽고 느낀 점이 무엇이냐고 묻는다면?
누군가는 그냥 스피치 발표력을 위한 훌륭한? 책이라고 답할 수도 있겠지만, 관계지향형 언어를 이해하고 있는 사람이라면 "이 책을 통

해 앞으로 당신과 더 따뜻한 말을 해야겠다는 다짐이 생겼어"라는 다소 오글~거리는 말을 하는 것… 이것이 관계지향 언어이다.

상담이 시작되는 과정에 흔한 인사말부터 증언을 듣는 과정, 대안을 제시하는 과정 등 여러 상담 과정에서 관계지향 언어는 수시로 적용이 가능하므로 상습 활용하도록 한다.

ex) 1. 정보전달중심 사실지향형 상담
상담자: "어서 오세요~ 무엇을 도와드릴까요?"
내담자: "네, 우리 아들 미술치료 때문에 왔습니다."

상담자: "네, 미술치료 받아 본 경험은 있나요?"
내담자: "없습니다. 어떠한 절차를 거쳐야 할까요?"

상담자: "그 옆에 원서 작성해 주시고 아이의 나이와 학교 주소는 꼭 적어 주세요."
내담자: "아! 네."

상담자: "치료 시간은 오전 10시부터 시작되니까 착오 없으시기 바라고요. 아이 손에 물감 묻으면 닦아 줘야 하므로 물티슈 꼭 챙겨 보내 주세요. 주차장은 한 시간 무료이므로 이용하셔도 됩니다."
내담자: "주로 몇 살짜리 아이들이랑 공부하죠?"
상담자: "대부분 또래들이 많아요. 더 어린 애들도 있고요."

ex) 2. 관계지향형 상담

상담자: "어서 오세요~ (아이에게 밝은 표정과 시선) 오구구, 몇 살이에요?"

내담자: "네, 일곱 살입니다. 미술치료 때문에 왔습니다."

상담자: "(아이에게 시선) 우리 친구는 그림 그리기 좋아해요? (부모에게 시선) 미술치료 해 본 적 있나요?"

내담자: "없습니다. 어떠한 절차를 거쳐야 할까요?"

상담자: "우선 우리 ○○는 낯가림, 분리불안증 같은 모습을 보일까요? 아버님?"

내담자: "네, 조금 있지만 따뜻하게 맞이해 주시니 곧 적응할 것 같군요."

상담자: "(밝은 운율로) 입학 원서에 나이~ 주소~ 연락처~ 성격~ 이렇게 적어 주시겠어요?"

내담자: "아! 네. 감사합니다."

상담자: "시작 시간이 오전 10시부터인데 괜찮으시겠습니까? 그리고 우리 ○○ 어린이 손 닦아 주어야 하니까 물티슈만이라도 함께 보내 주세요."

내담자: "네, 알겠습니다. 주로 몇 살짜리 아이들과 공부하죠?"

상담자: "대부분 또래들이 많아서 금방 재미를 느낄 수 있고요."
"더 어린 애들도 있지만 ○○가 더 잘 해낼 거예요."

내담자: "네, 잘 알겠습니다. 우리 아이 잘 부탁합니다."
상담자: "네, 끝으로 주차를 비롯하여 이용에 불편함 없으시도록 정성을 다하겠습니다."
"바쁘실 텐데 시간 내어 주셔서 감사합니다."

위의 사례를 통해 알 수 있듯이 관계지향형 언어는 상담자 자신보다 상대방에게 더 무게를 둔다는 것을 알 수 있으며 상대방의 이름을 자주 불러 주는 등 진정 어린 관심을 보이고 있으며 내담자로 하여금 쉽게 마음을 열어 가는 ice breaking 효과마저 기대할 수 있게 된다.

옛말에 말 한마디로 천 냥 빚을 갚는다 하였고, 가는 말이 고와야 오는 말이 곱다 했듯이, 비단 상담뿐만 아니라 언제 어디서도 관계지향형 언어는 생활화되어야 하겠다.

[4] 사회 볼 때 : 선방불패탕
(오락, 유희, 예능)

작은 규모로는 교내 장기자랑, 가족모임 등이 있을 수 있으며 큰 규모로는 지역, 국가, 사회의 행사가 될 수도 있는 여러 가지 행사엔 구성요소가 있기 마련이다.

기획-진행-피드백이 그러하다. 육하원칙에 의하여 '누가, 언제, 어디서, 무엇을, 어떻게, 왜'라는 명분과 이유하에 행사를 위한 철두철미한 준비작업과 노력을 기획이라고 가정한다.

또한 기획한 행사의 시나리오가 안정적으로 유지될 수 있는 것은 진행자의 감각, 자질, 역량에 의해 좌우된다. 기획단계에서 준비하고 예측했던 결과물이 진행단계에서 원활하게 적용되고 있다면 이는 안정적인 행사라고 할 수 있다. 하지만 제아무리 좋은 기획력을 갖췄다 할지라도 머릿속에 밑그림 그렸던 모습대로 행사가 진행되는 경우는 거의 없을 것이다. 그래서 매 순간의 행사가 종료되었을 때 행사 관계자들은 문제점을 지적할 수 있어야 하며 또 다른 대안을 제시할 수 있어야 하며 같은 실수를 반복하지 않도록 돕는 효능이 있다.

1. 선방불패탕

1) 선방

선방불패탕의 '**선방**'은 흔히 된소리로 발음되는 '선빵'과도 같은 개념이라 볼 수 있다.

행사의 사회자를 비롯한 기획, 연출, 보급, 지원 등의 업무경험이 있는 분이라면 더더욱 공감할 수 있을 것이다. 참여 인원, 날씨, 기계적 오류, 안전사고 등 사실상 변수에서 시작하여 변수로 끝나는 것이 행사의 모습 자체라고 볼 수 있다. 그러므로 행사라 함은 정해진 식순대로 진행되지 않을 가능성이 더더욱 높은 것을 처음부터 인지해야 하며, 이후 발생할 수 있는 여러 변수에 즉시 대안을 제시할 수 있는 침착성과 적극성, 순발력 등이 무엇보다도 중요하다. 이러한 감각의 결정체와도 같은 사람이 사회를 보게 되는 경우엔 행사의 성공 그 이상을 얻게 될 것이다.

행사의 특성상 참가자들의 사기와 웃음, 참여도의 정도가 행사의 성패 여부를 결정짓게 되므로 규모를 떠나 리허설을 반드시 권장하고 싶다.

ex) 1. 게임 위주의 행사라면?
* 안전사고에 대비하여 안전성 여부 검토
* 이동 경로나 게임장비로부터 발생될 수 있는 찰과상, 화상 등에 대해 점검
* 압박붕대, 지혈제, 반창고 등 응급처치 장비 확보와 인근 지역 병원 위치 파악

ex) 2. 시상식 관련 행사라면?
* BGM 작동 여부에 확인 또 확인을!
* 참가자들의 등장과 퇴장 경로 안전성 점검
* 특수효과(CO_2, 헬륨, 촛불) 등 화재나 감전 위험률 점검

ex) 3. 경연대회 관련 행사라면?
* 참가자들의 위험성 퍼포먼스 등에 대해 주의 필요
* 특정 참가자를 지지하거나 응원하는 과정에 격한 경쟁의식이 발생될 수 있음

 한 기업 체육대회 프로그램 중 그날의 대미를 장식하는 계주 경기가 있었으며 계주 중 직원들의 달리기 속도가 맘에 들지 않았던 대표이사가 행사 막바지에 거의 강제적인 선착순을 지시하게 되었고 분위기는 갈수록 험악해지며 이내 전투적인 분위기로 바뀌게 되었던 일이 있다. 다행스럽게도 대부분의 직원들은 밝은 성격으로 웃으며 감수하고 있었지만 신입사원인 한 여성이 체력 고갈로 결국 쓰러져서 구급차를 호출한 사건이었다.
 이러한 경우 대부분의 사회자라면 위험성을 인지하고 재량을 발휘하여 행사를 마무리하려 했을 것이다. 하지만 당시 사회자는 무슨 이유에서인지 현장을 방관하게 되었고 이미 통제를 할 수 없는 마무리를 하고 있었다. 그러한 사건은 사실상 당연하다 볼 수 있다.
 이와 같이 행사, 특히 체력을 요하거나 퍼포먼스형 프로그램은 경쟁의식의 과열로 안전사고 위험이 높아지게 된다. 사회자는 이러한 상황을 한발 앞서 예측할 수 있는 감각이 절대적으로 필요하다.

2) 불패

다음은 **선방불패의 불패**를 다뤄 본다.

불패의 '불'은 불가능에 맞서는 자세를 의미한다.

불패의 '패'는 패기를 의미한다.

최소한 사회자의 모습은 그러해야 한다.

2000년대 초반 필자의 이야기이다.

평소 동료들과 만약을 대비한 프로그램의 녹음 버전을 만들었던 것이다. 불과 10분 내의 짧은 멘트들로 구성되었지만, 이후 그 프로그램을 정말 사용하던 날이 있었다. 바로 목감기가 심하게 걸렸던 어느 날이었다. 참여 인원은 300여 명 안팎이며 멋진 오프닝을 해야 하는데 감기로 목소리가 나오질 않자 녹음자료를 쓰게 된 것이다. 결과는 오히려 성공적이었으며 참가자들에게 이 사실을 공개하며 진행한 것이 더 재미를 이끌 수 있었다. 하지만 더 중요한 것이 있다.

평소 녹음 자료를 만들어서 활용하자는 내용이 아니다.

당시 녹음 자료를 만들 당시 이러한 행동이 쓸데없는 행동이라고 말하던 사람들에게 일침을 가하고 싶은 것이다. 실제 감기로 말을 할 수 없던 본인에게 그는 이렇게 말했다. 주최자에게 이 사실을 통보하고 해당 기업의 주최자가 직접 사회를 보게 하자는 것이다.

대중이란, 대중성이란, 대중들의 성격이란, 제각각의 색깔이 있기 마련이며 그 색깔이 어떤 색을 띄고 있든 그 색깔에 맞춰 주는 것이 사회자의 역할이며 시간이 흐를수록 사회자의 색깔이 드러나며 그 색깔에 대중을 흡수할 수 있어야 능력 있는 사회자가 아닌가 생각한다.

행사를 진행하다 보면 정말 말도 안 되는 상황에 직면하는 경우가 많다.

그럴 때마다 환경 탓, 날씨 탓, 사람 탓을 할 것인가?

아니면 1%의 가능성만으로도 자신만의 촉을 믿고 실행할 것인가?

과감히 선택할 수 있어야 한다.

대학생들의 MT가 바닷가 백사장에서 펼쳐진 사례이다.

모래사장이라 차량 진입이 어려운 곳이었고 불편한 점이 한두 가지가 아니었다.

그래도 백사장 프로그램을 포기할 수 없으므로 다소 무리수를 두며 리허설을 하는 과정이었다.

바로 그 순간 행사 장비를 실은 차량이 모래판 한가운데 빠지게 되어 꼼짝달싹 못 하게 되었고 울며 겨자 먹기식으로 특수견인차량을 호출하게 된다. 하지만 급히 달려온 견인차는 행사차량을 끌어내는 과정에 와이어가 끊어지게 된다. 그래서 또 한 대의 견인차를 호출하게 되었지만 그 견인차량도 모래판에 빠지고 만다.

자 상황은 이러하다. 만약 여러분이 행사 담당자라면 이러한 상황에 어떤 계획을 제시할 것인가?

바로 그거다!!!

나란히 빠진 견인차량을 모래판 밖으로 끌어내기 게임을 제안했다….

현장엔 수많은 대학생들이 있었고 대학생들 특유의 패기와 투지를 활용했던 것이다.
　대학생들에겐 기억에 남을 추억을 제공한 셈이며 견인차 기사들에겐 효율적인 대안을 제시했으며 사회자의 재치는 빛을 발하게 된 것이다.

　프로 사회자는 무기 없이 전장에 나간 전사와 같아야 한다.
　총과 칼에만 의존하지 않는다는 메시지이다.
　주변에 돌과 풀밖에 없다면 그것이야말로 최고의 무기가 될 수도 있다.
　프로 사회자라면 그러한 방법들이 눈에 마구마구 들어올 수 있어야 한다.
　남들이 뭐라 하건 말이다.

　아마추어 사회자일수록 메모지에 글자가 많다. 진행순서에 의한 기록은 당연할 수 있지만 세부적인 멘트들까지 깡그리 적어 놓고 깨알 같은 글씨를 읽어 가는 모습을 접할 수 있다.
　반면 프로 사회자는 현장, 참가자, 날씨, 상황 등에서 멘트거리를 감각적으로 찾아낸다.
　그러므로 사회자 경험이 많으면 많을수록 자신의 실력을 확신할 수 있으며 그러한 확신들은 불패의 프로그램으로 이어진다.

[5] 사회 볼 때 : 순창적응탕
(일반 : 설명회, 토론, 기념식 등)

변수로 시작해서 변수로 끝나는 것이 행사의 정의라고 할 수 있다.

흔히 MC라 하면 예능형 사회자이거나 래퍼 등을 떠올리게 된다. MC란 메리 크리스마스도 아니고, 몸치, 멸치는 더더욱 아니다. **바로 master of ceremony 의 약자이며 주인장, 신! 그들과 동급이 된다.** 적어도 그 사회자에게 주어진 시간만큼은 마이크를 들고 있는 사람이 신이 되는 것이다. 입장을 시키든, 노래를 시키든, 박수를 시키든 참가자들은 사회자의 말과 지시를 따라야 하니 이보다 그 시간의 주인공임엔 틀림없다.

또한 MC는 '마려워도 참는 자'라고 해석해 본다. 양가 사돈댁과의 식구들이 와글와글 모여 있을 때 어머니가 없으시면 통제 불능이 되듯 사회자는 절대 자리를 비울 수 없다. 아니, 비워서도 안 된다. 자리를 비우기 이전에 배 속을 비우는 것이 더 옳은 표현일 것이다. 참가자들의 작은 움직임이나, 의도, 등을 눈과 귀로 하여금 놓치지 않아야 한다. 그 행사가 큰 행사이건 작은 행사이건 사회자는 시작부터 끝까지 집중의 끈을 놓아선 안 된다.

순창적응탕의 효능은 행사의 도입부에서 강한 효능을 보인다.

1. 순창적응탕

순창적응탕은 순발력, 창의성, 적극성, 응용성의 이니셜이다.

엄마 배 속에서부터 사회 보는 법을 배운 사람은 없을 것이다. 허나 명사회자들의 기본 조건 중 대표적인 것은 바로 순발력이다.

1) 순발력

여기서 순발력은 단순히 언어유희를 말하는 것이 아니다. 바로 예측하는 감각을 말한다. 본 행사 중 일어날 수 있는 상황들을 좀 더 빨리 예측할 수 있는 감각들은 안정성과 여유 있는 진행 능력으로 이어진다. 예를 들어 설명회나 선포식 등의 행사에선 예상 참가 인원보다 너무 적거나 너무 많은 경우가 많다. 이때 주최자나 사회자는 매우 혼동을 느끼게 되며 시간 또한 매우 빠르게 흐르는 시기가 된다. 만일 사회자가 이러한 변수들을 예측하고 있다면 안내방송이나 사전 통보로 하여금 안정적인 통제를 할 수 있었을 것이다. 상황이 긴박해지고 담당자들의 경험치마저 부족한 상황이라면 서로가 서로의 눈치를 보는 불편한 장내 상황이 연출될 것이다. 또한 참가자들의 목적이 무엇인지 간파하는 자세도 중요하다. 참가자들의 입장에서 흥미로운 부분이 있을 것이고, 형식적이라 인식하는 부분도 있을 것이며 반드시 참여하려는 부분도 있을 것이기 때문이다. 아주 오래전 MBC 방송의 〈우정의 무대〉라는 프로그램의 마지막 단계인 '그리운 어머니'에선 매주 통제 불능의 모습들이 나타난다. 앉아 박수 치던 장병들이 무대 위로 와글와글 올라오기 때문이다.

방송 초기엔 저조했던 참여도가 갈수록 인원의 증가를 보이더니 종영 단계에선 출연을 제한하는 인원들이 무대 양측에서 등장한다. 이러한 모습 또한 안전사고와 원활함을 위해 필요한 행동들이다. 특히 사회자는 전체 프로그램의 순서 중 메인이벤트가 될 만한 프로그램과 행동을 유도하거나 집단 동기부여가 될 수 있는 효력의 프로그램을 적재적소에 배치할 수 있어야 한다. 흔히 말하는 사회자의 재량이 이러한 모습이며 그 모습 자체가 순발력으로 작용된다. 멋진 행사란 고양이 순발력을 가진 사회자와 함께하는 것이다.

자, 그럼 아래의 문장들을 읽고 순간 떠오르는 상황을 예측해 보자. 그리고 스스로의 판단을 스트레스 받지 말고 여유 있게 점검해 본다.

ex) 1. 실효성을 기대할 수 있는가?
ex) 2. 규정이나 미풍양속에 대해 타당한가?
ex) 3. 안전함을 위협할 수 있는 요소는 없는가?

* 1시간 안에 핵폭발이 일어난다면?
* 공식 석상에서 갑자기 노래를 불러야 한다면?
* 여행 중 돈이 떨어졌다면?
* 외나무다리에서 철천지원수를 마주친다면?
* 사랑하던 사람이 갑자기 이별을 통보한다면?
* 전투에 참가했는데 총 한 자루도 없다면?
* 비행기에서 낙하했는데 낙하산이 아니고 배낭을 메고 뛰어내렸다면?
* 화장실에서 볼일 본 후 뒤처리 용품이 아무것도 없다면?
* 3명이 식사할 때 숟가락과 젓가락이 2인용만 있다면?

* 고층 빌딩 속에서 대형화재가 발생한다면?
* 집에 들어가는데 빚쟁이들이 북적인다면?
* 커피 자판기에서 물은 뜨거운 물은 안 나오고 커피 가루만 나온다면?
* 미용실에서 졸다 깨어 보니 브로콜리 머리가 되어 있다면?
* 식당에서 비싼 음식 시켜 먹고 계산할 때 지갑이 없다면?
* 형이나 오빠인 줄 알았는데 나보다 나이가 한참 아래였다면?
* 만난 지 얼마 안 된 연인과 데이트 중 옛 애인을 갑자기 마주친다면?
* 일주일째 이유 없이 가위 눌린다면?
* 정말 반가운 오랜 친구와 통화하는데 베터리가 곧 끊긴다면?

2) 창의성

다음으로 사회자의 **창의성**을 언급해 본다.

사회자들의 주요 멘트와 상황 전개 능력은 경력이 많아짐에 따라 고유의 진행 방식으로 완성되어 간다. 〈가족오락관〉 진행자 허참 씨의 '몇 대~~몇?'이나 이덕화 씨의 "부탁~해요~"처럼 진정 자신의 색깔을 만들어 낼 수 있는 사회자는 자신만의 영역과 입지를 굳혀 가게 된다. 하지만 오직 본 대로 들은 대로 흉내 내는 식의 흔한 진행 능력은 스스로를 아류로 만드는 결과밖에 되지 않는다. 가령 언제부턴가 프로그램 마지막 멘트로 "대한민국 4,700만이 웃는 그날까지!!"라는 멘트들을 너도나도 쓰는 것을 보면, 먼저 만들어 낸 김제동 씨의 위력을 실감케 한다. 사회자로서 창의성을 발휘하는 방법은 사실 크게 어려움이 없다.

사회자 자신이 느껴지는 생각, 떠오르는 주관, 알고 있던 상식들을 동원하여 과감히 표현하면 되는 것이다. 누구는 이렇게 한다더라, 마지막엔 무엇을 해야 한다더라 하는 고정관념으로부터 얼마나 자유로울 수 있는가의 정도가 결국 사회자의 창의성을 규정하는 척도라고 하겠다.

만약 A를 준비했지만 A를 할 수 없는 상황이라면 자신만의 창의성을 발휘하여 과감하게 B를 채택할 수 있어야 한다. 물론 모험을 감수해야 하지만 실패를 직감했음에도 불구하고 무미건조함을 이끄는 것보다 훨씬 의미 있는 결과를 맞이할 것이다.

2000년대 당시 비즈니스 매너 등의 교육을 위해 설악산 주변 강의장에서 있었던 일이다.

철도 관련업에 종사하는 임직원들과의 교육 프로그램을 앞두고 있었으며 잠시 후 대표이사의 연설과 함께 공포의 시간이 시작되었다.

평소 직원들에 대한 불만의 목소리가 왜 하필이면 이곳에서 말했어야 했던 것인지 지금까지도 이해가 되지 않는다. 1차로 업무 현황에 대해 첫마디를 시작하더니 2차로 임원들에 대한 자세를 훈계하기 시작했다. 이후 3차로 폭언까지 이어지며 더 이상 연설의 개념이 아닌 그냥 모여 앉아 혼나는 시간이 되어 버렸다.

중요한 건 이 다음 시간이다. 인사말, 상담, CS 등을 교육해야 하는 강사의 입장에선 사실상 위기가 직면한 것이다. 참가자들의 사기가 바닥에 떨어져 있었고 도무지 교육에 대한 참여의식이 보이질 않았다.

바로 그때!! 강당 뒤편에 두 개의 옷걸이가 보였다. 그리고 강사는 잠시 생각에 잠긴다….

자, 만약 여러분의 입장이라면 위와 같은 상황에서 프로그램을 어찌 이끌어 갔겠는가?

* 본연의 의무를 다하는 마음으로 준비했던 프로그램을 제공한다.
* 프로그램의 의미를 상실한 듯하여 프로그램 진행을 포기한다.
* 준비했던 A를 과감히 버리고 감각에 의한 B를 시도한다.

그날 프로그램을 마칠 무렵 교육 담당자는 나에게 다가와 이렇게 말했다.
"속이 다 시원합니다. 이거 자주 해야겠는데요? 하하하하."

과연 그 강사는 두 개의 옷걸이로 무엇을 했던 것일까? 북한이 등장하는 자료화면을 보면 가끔 소총 들고 달려가서 인형에 총검을 휘두르며 달려가는 운동회 모습을 보았을 것이다.

대표이사로부터 모진 스트레스를 받고 있던 그들을 위해 교육 프로그램을 과감히 포기하고 인민해방게임이란 급조된 게임을 진행한 것이다. 옷걸이엔 종이를 오려 붙여 '사장', '차장' 이렇게 써 놓고 부하직원들인 그들은 의자를 넘어 바닥을 기어가다 고함을 질러 대며 사장과 부장의 인형에 구타를 시작한다. 그중 한 명은 강의장 출입문 주변에서 이른바 망을 보며 웃음을 참지 못하는 모습이었다.

만약 그 강사가 프로그램에 고집을 부렸다면 위와 같은 교훈거리는 발생되지 않았을지 모른다.

영화 〈스타워즈〉를 보면 제다이들이 등장하는데 그들끼리 주고받는 인사 중 "포스가 함께하길" 하는 모습을 볼 수 있다. 영화 내용상 제다이는 눈을 가려도 마음으로 물체를 조종하고 자신의 주관에 확신을 가질 때 비로소 능력치가 마구 상승하게 된다. 사회자 또한 마찬가지이다. 자신이 보유한 창의성에 대해 자부심을 가져야 한다. 자신만의 감각, 표현력 장난기 등이 모두 프로그램으로 재탄생될 수 있다. 창의성이란 많이 배운 사람들만의 전유물이 될 수 없으며 물 만난 물고기와 같이 자유로운 의식을 가질 때 기대할 수 있다. 사회자의 창의성도 그러하다.

3) 적극성

다음은 사회자의 적극성에 대해서 논해 본다.

그 행사가 어떤 성격의 행사이건 행사의 목적을 간과한 참가자는 이방인이거나 어린이가 아닌 이상 매우 드물 것이다. 만약 사회자로부터 소개, 안내, 개회사 및 폐회사를 제외하고 그 밖의 멘트가 없는 사회자라면 장내 분위기는 어떻게 전개될 것인가?

또한 사회자가 필요 이상의 말을 하며 너무 자세한 묘사의 멘트가 끝없이 반복된다면 이 또한 장내 환경이 전혀 다른 환경으로 변할 수 있게 된다.

전자의 경우 사회자는 상징적인 인물의 상징성을 바탕으로 한 상징적인 진행만을 기대할 수 있을 것이다. 이를 사회자라 하기엔 아쉬운 부분이 클 것으로 보인다.

반면 후자의 경우라면 행사의 격조와 품격을 낮춰 버릴 수 있으며 그저 잔소리꾼의 잡음밖에 되지 않을 수 있을 것이다. 참가자들의 입장에선 스트레스 지수가 높아질 수 있게 될 것이다.

그렇다면 가장 안정적인 진행의 기준은 무엇인가?

대략 10가지로 요약해 보면 다음과 같다.

ex) 1. 참가자들의 이목을 집중시킬 수 있는가?
ex) 2. 자발적인 참여를 유도할 수 있었는가?

ex) 3. 진행과 참가자 간의 무게 중심을 조율하고 있는가?
ex) 4. 자신만의 감각을 참신하게 펼쳐 내고 있는가?
ex) 5. 신뢰감을 주는 표정과 음성을 갖췄는가?
ex) 6. 행사의 클라이맥스를 파악하고 있는가?
ex) 7. 모든 발언에 확신성을 갖추고 있는가?
ex) 8. 위기대처 능력과 순발력, 재치를 보이고 있는가?
ex) 9. 시간을 잘 지켜 내고 있는가?
ex) 10. 용어, 상식, 주관 등 정확한 정보를 전달하는가?

분명하고 집중되며 알차게 마무리되는 행사가 있는가 하면,
목적은 상실된 지 오래고 산만하기 그지없으며 중심을 잃은 채 방치되는 행사도 있기 마련이다. 사회자는 마치 쓰레받기로 깨끗이 쓸어 담듯 최종적인 정리는 단연 사회자의 몫이다.

4) 응용성
순창적응탕의 마지막으로 응용력을 점검, 활용하자는 메시지이다.
전라북도 순창에 가서 적응하자는 얘기가 아닌 것이다.

사회자에게 응용력이란 마치 고양이들에겐 순발력과도 같다.
사회자로서 발탁되기란 추천에 의해서 혹은 사회자가 되기 위한 나름대로의 연구와 학습과 경험 등에 의해 더 많은 기회가 주어지게 되는 것과 같다. 이렇게 갖춰진 능력치와 경험치를 반사적으로 응용할 수 있는 사회자야말로 주위로부터 인정받는 사회자가 되어 갈 것이다.

사회자와 응용력은 무엇을 의미하는가?

첫째, 자신만의 모든 경험을 활용할 수 있는 감각 그 자체라고 볼 수 있겠다. 예를 들어 개그우먼 박지선 씨의 경우는 주요 아이디어와 모티브를 어머니로부터 학습된 경험을 바탕으로 활용한다. 또한 방송인 손범수 씨는 〈가요톱10〉, 〈1:100〉, 〈퀴즈탐험 신비의 세계〉 등 KBS 특유의 보수적이고 모범적인 진행 실력을 발휘한다. 또한 손석희 씨는 언론인 특유의 감각과 내공을 갖췄으며 방송인, 방송사, 시청자와 패널 등의 입장을 넘나드는 광범위형 진행 감각을 활용한다. 이 모든 감각을 사회자의 응용성이라고 칭할 수 있다. 사회자의 주관, 경험, 확신, 감각 등이 한데 어우러진다면 그 프로그램이 어떠한 프로그램이라 할지라도 진행에 앞서 두려워할 이유가 없어진다.

[6] 프레젠테이션을 위한 삼연기법탕
(연쇄법, 연상법, 연관법)

　프레젠테이션(P.T) 경험에 대해선 누구나 할 얘기가 많을 것이다.
　경험 부재에 의한 긴장감, 불안감을 해결하지 못한 채 프레젠테이션을 진행하게 되는 경우 자신이 추구하는 효율적인 결과를 만들어 내지 못할 가능성이 높다.
　기업의 경우는 경쟁 P.T 혹은 부서별 업무현황 보고, 수주를 얻기 위한 제품 설명, 혹은 사업 설명 등 보다 설득력 있고 효과적인 정보전달을 위하여 불가피한 발표 문화가 된다.
　또한 대학에선 발표 수업, 학과별 프로젝트 현황 등을 일목요연하게 발표할 수 있는 능력이 학점으로 이어지므로 누가 언제라도 발표훈련을 꾸준히 하여 결정적인 순간 심리적 대미지를 입지 않도록 해야 한다.
　현재 대부분의 프레젠테이션 진행모습을 지켜보면 안정적인 발표를 해내는 사람들의 모습이 많지 않다는 것을 볼 수 있다. 또한 그러한 모습을 그대로 방치하는 모습들도 흔히 접하게 된다. 하지만 삼연기법탕을 통하여 쉽고 재미있는 프레젠테이션의 전문가가 될 수 있다.

　삼연기법탕의 주 효능은? **연쇄법, 연상법, 연관법을 발휘하는 효능으로 일컫는다.**

1. 연쇄법

먼저 연쇄법은 단어와 단어, 문장과 문장, 실체와 실체, 근거와 근거가 마치 꼬리에 꼬리를 무는 구조를 띄고 있게 되며 발표자가 발표 중 내용을 잊어버리거나 흔히 말하는 머릿속이 하얗게 될 때 유용한 기법이 된다.

예를 들어 '빨간 건 사과이고 사과는 맛있고 맛있는 것은 바나나'라는 말처럼 단어 개체와 개체가 연결 구조를 띄고 있어서 발표 중 생각이 나지 않는다 하더라도 직면한 단어의 의미를 재해석하는 감각만 갖추고 있다면 프레젠테이션을 공백 없이 물 흐르듯 발표할 수 있는 것이다.

1) 여기서 의미형 발표란? (A=B=B=C=C=D)

예를 들어 자동차에 대해 발표하는 상황이라고 가정한다. 그 과정에 엔진에 대해서 설명하다가 말문이 막혀 버린 경우, "엔진이란 사람의 몸으로 표현하자면 심장입니다. 심장은 모든 장기 중 절대 멈춰선 안 됩니다. 멈춰선 안 되는 게 어디 자동차 엔진뿐이겠습니까? 지금 제 발표도 발표시간이 끝날 때까지 훌륭한 마력으로 완주하겠습니다" 하는 등의 능청이라면 보다 여유 있는 발표 감각이 되어 갈 수 있게 된다. 드라마나 영화에 등장하는 노승들의 말투도 상당수가 연쇄법을 적용한다는 것을 볼 수 있다. "물은 인생이요 인생이 물이니 흐르다 멈추면 썩어 가기 마련이오 썩지 않으려면 한결같이 흘러가야 하오니 인생에 역행하지 말고 소신 있게 흘러가야 하옵니다."

2) 반대로 실체형 발표란? (A=B)

앞서 의미형 발표는 발표자가 위기에 처했다 할지라도 능청스럽고 여유 있게 전개함을 기대할 수 있겠으며 참가자, 청중들에게 제2의, 제3의 이해를 돕는 기법으로 활용된다.

반면 실체형 발표는 발표자의 1차원적 해석 그 외엔 아무것도 기대할 수 없는 단순한 모습에 지나지 않는다. 만일 참가자들이 특정 발표를 듣기 위하여 귀한 시간을 할애하여 자리에 참석했다 했을 때, 자료를 통해 알 수 있는 모든 것을 굳이 영혼 없이 읽어 주는 발표자의 진행이라면 그 프레젠테이션을 의미 있는 시간이라 할 수 있겠는가? 그러므로 발표자의 정성어린 모습이 절대적이어야 하며 그중 하나가 바로 연쇄법의 활용이 된다.

2. 연상법

두 번째로 연상법에 대해 알아본다.

연상법은 말 그대로 프레젠테이션에 참가한 참가자들의 상상력을 자극하여 공감을 얻어 내는 데 효과적인 기법이다.

우리말 가운데 '마치'란 조사(助詞)가 있다. 아시다시피 '마치'란 조사는 사용하게 되는 순간 '~하듯', '~처럼', '~같은' 등 더욱 적절한 표현형 언어에 이르게 되고 그러한 표현법은 참가자들의 이해를 돕는 결과로 이어지게 된다. 예를 들어 실제 프레젠테이션 진행 중 자동차를 예를 들어 보면?

"자동차는 마치 우리가 입는 옷과도 같은 것입니다. 또한 같은 구매를 해도 유념할 사항이 많습니다. 이는 마치 운동화를 고르는 것처럼 브랜드의 네임 밸류, 기능성, 안전성을 염두에 두는 것과 같기 때문입니다."

이와 같이 연상법을 적절히 활용하는 발표자는 참가자들로 하여금 쉬운 이해와 적용을 도울 수 있는 동시에 눈과 귀는 발표자에게 머물러 있다 하여도 그들의 생각만큼은 상상의 나래를 열어 주는 매신저의 기능을 수반하게 된다.

ex) 어린 시절 연상

"우리 어린 시절은 어땠습니까? 풍족한 삶을 살았습니까? 입고 싶은 것, 먹고 싶은 것, 많은 것들이 부족했었습니다. 그때 우리의 아버지들은 마치 일하기 위해 태어난 소처럼 일만 하며 우리를 훌륭히 키워야 한다는 일념 하나로 버텨 오지 않았습니까?"

발표자의 설명을 듣고 있는 것만으로도 자신을 돌아보게 하고 현실을 직시하게 하며 앞으로의 방향을 설정할 수 있도록 길 안내를 잘해야 하는 것이 프레젠터의 역할이다.

같은 말을 해도 누군가의 발표는 '빨리 좀 끝났으면~' 하는 마음으로 듣게 되고 또 누군가는 언제 시간이 흘렀는지 모를 정도로 버릴 것 없는 발언을 하는 모습들을 접하게 된다. 그 차이는 앞서 언급된 연쇄법, 연상법의 활용과 적용이 있었기 때문에 차이가 생길 수밖에 없는 것이다.

3. 연관법

마지막으로 연관법에 대해 알아본다.

만약 지금 여러분 앞에 노트북과 마우스가 있다고 가정해 보자. 노트북과 마우스에 대해 설명하라 한다면 여러분의 설명은 어느 방향으로 흐를 것인가?

앞서 언급된 연쇄법과 연상법을 활용하면 이러한 모습이 되어 갈 것이다.

노트북과 마우스는 상호성을 띄고 있습니다. 서로가 상호적 관계가 지속될 때 원하는 결과를 이끌어 내게 됩니다. 마치 기업과 협력업체 간의 양해 관계처럼 말입니다.

이처럼 일차원적인 사물들에 대해 의미를 부여하고 이후의 의미를 부여하며 공감을 만들어 가는 모습은 사실 많은 설교자, 교사, 연사들 사이에서 흔히 접할 수 있다.

이젠 이러한 기법들 사이에 연관법을 설정해 본다.

연관법의 기본은 '목적의식'에 있다. 이를테면 면접 지원자의 입장에선 자신이 훌륭한 답변을 하여 합격을 인정받으려는 목적이 있어야 하며 상담자는 내담자로 하여금 공감 및 행동지향적인 변화를 이끄는 것이 목적일 수 있으며 프레젠테이션 등을 진행할 땐 참가자들의 이해와 더불어 투자, MOU 등을 기대할 수 있겠다. 그러므로 연관법을 활용하기 앞서 자신을 포함한 상대측 모두의 공통적인 목적의식을 파악하는 것이 중요하다.

ex) 1. 면접의 경우(연관법 적용)

"기업이 노트북이라면 고객은 노트북을 통해 열람하는 내용이 될 수 있습니다.

그러한 고객의 Needs를 채우기 위해 더 더욱 적극성을 갖춘 인재가 필수라고 생각합니다.

그러므로 마우스와 같은 없어선 안 되는 사원 중 한 명으로 평가받고 싶습니다.

이왕이면 무선 마우스가 되고 싶습니다."

ex) 2. 상담의 경우(연관법 적용)

"그러므로 오늘부터라도 자신의 입장과 상황만을 고집하지 마시고, 좀 더 넓은 시각으로 현실을 바라보면 어떨까요? 그들에게 지금 당신은 간절하게 필요한 존재일 수 있습니다.

노트북이 아무리 좋으면 무엇합니까? 마우스가 없다면 사용하는 데 여러 불편함이 생기겠지요? 가족, 친구, 그 밖의 동료들에게 성능 좋은 마우스가 되어 보면 어떨까요?

사람들 사이에 꼭 필요한 사람으로 평가받게 될 것입니다."

ex) 3. P.T 의 경우(연관법 적용)

"이처럼 공개된 신기술은 앞으로의 시장에 적지 않은 지각 변동을 일으킬 것으로 보입니다.

또한 기업이 요구하고 고객들이 원하며 시대가 필요로 하는 선두적인 기술력이 될 것이라고 강조하겠습니다. 이것은 마치 최신식 노트북과 최적의 마우스를 갖췄다 하더라도 전력이 공급되지 않는다면 실효성에 장애를 이끄는 형국이 되므로 위의 세 가지 조건이 일치되어야 공적 만족을 앞당길 수 있다고 생각합니다. 여러분께 저희 ○○ 기업의 전력이 되어 달라고 한 번 더 호소하는 이유가 여기에 있습니다. 믿고 투자해 주시기 바랍니다. 감사합니다."

   언제 어디서나 삼연기법을 자유로이 활용할 수 있는 가장 좋은 방법은 발표 기회를 외면하지 않아야 한다는 것이다.
   그 기회가 큰 기회이건 작은 기회이건….

[7] 프레젠테이션을 위한 경제발전탕
(경청술, 제스처, 발성, 전문성)

프레젠테이션을 잘한다는 것은? 그 척도가 무엇이며 그 기준점은 무엇인가?

단순히 청산유수와 같은 언변술을 가진 자를 말할 수 있을까?

아니면 참가자들로 하여금 고도의 심리게임을 좌우하는 전략적 기질을 가진 자를 말할 수 있는가? 위의 두 사례도 틀리진 않겠지만, 필자의 생각은 이렇게 정리된다.

쉬운 내용을 쉽게 전한다.
어려운 내용도 쉽게 전한다.

앞서 언급된 3연기법 또한 쉽게 이해시키고 ―공감을 유도하며― 적용할 수 있는 환경으로 이끄는 것을 효과적인 P.T 방법으로 소개했다.

이어서 등장하는 기법은 일명 '**경제발전탕**'이라는 다소 의미심장한 기법으로 소개한다.

P.T를 통해 경제발전을 이룩하자?라는 잠정적 메시지도 있지만, 이 또한 함축적 이니셜이므로 이번 장을 토대로 경제발전을 이루는 여러분이 되어 보자.

1. 경제발전탕

1) 경제발전탕의 효능은?

이른바 단 방향성 스피치 방식이 아닌, 양방향성 스피치 형태가 되므로 지루함, 무기력함, 무미건조함으로부터 일부 해방되는 형태를 갖는다.

또한 발표자의 자세는 더 당당한 모습이 될 수 있으며 발표에 참가한 모든 사람들을 상대로 주눅 들지 않고 절도와 생기 가득한 모습을 기대할 수 있다.

이 밖에도 장내 상황에 따라 자유로운 에너지를 설정할 수 있게 되므로 발표자의 에너지를 조율할 수 있으며 나아가 가장 좋은 평가를 받는 발표자의 모습으로 기억될 것이다.

2) 경제발전탕의 의미는?

경청하는 자세와 질문을 할 줄 아는 발표자의 '경'!
제스처는 부드럽고 명확하며 용모 단정한 인상의 '제'!
발성 상태를 최적으로 유지하며 강약을 조절하는 '발'!
전문적이고 객관적이며 발표 내용에 확신을 갖는 '전'!

2. 경청

먼저 경청의 중요성을 언급해 본다.

사실 경청은 발표자보다 참가자들의 자세에서 비롯되어야 하는 것이 아닌가? 하는 생각도 틀리지 않다. 여기서의 경청이란 발표자의 집중력을 내포하고 있다. 프레젠테이션이 안정적으로 진행된다는 것은 발표자의 주장이나 근거가 참가자들에게 빠짐없이 전달되어야 하건만 뻣뻣한 자세로 마치 군사작전 브리핑하듯이 발표자 중심의 프레젠테이션 문화로부터 좀 더 화기애애한 분위기를 만들어 낼 수 있어야 하는 차원에서 언급된다. 과거 90년대까지도 이러한 발표 문화를 접할 수 있었으며 윈도우 프로그램의 도입 이후 다소 유연한 모습의 발표자가 많아진 것도 사실이다.

프레젠테이션을 한 글자로 줄인다면? [끈]이라고 단언할 수 있다. 끈(Line)이란 발표자와 참가자들 사이에 형성되는 무형의 에너지라 칭할 수 있다.

만일 20분 미만의 프레젠테이션을 진행하는 발표자가 있다고 가정해 본다. 이 발표자가 시작부터 끝까지 참가자들의 의사를 물어본 적도 없었으며 입장도 헤아리지 않았으며 단 한 번의 질문도 없이 마치 단독 드리블하듯이 발표를 이끌었다면 그 내용이 무엇이라 할지라도 참가자들의 흥미와 협조를 기대하기 어려울 수 있게 된다.

여기서 질문이란? 프레젠테이션에서 말하는 질문이란? 고급스럽거나 학술적이거나 대항할 필요가 없는 질문들을 일컫는다.

날씨, 시사, 발표장 내부 상황, 참여 인원, 발표 내용, 연령, 시간대만으로도 첫 도입을 집중된 환경으로 이끌 수 있다.

ex) 1.
"오늘 비가 많이 왔습니다. 비가 온 뒤에는 대기에 음이온이 많다고 합니다. 우리 사람들이 음이온에 노출되면 쾌적함과 동시에 기분이 좋아진다고 합니다."

"오늘 기분 좋습니까 여러분? 네, 감사합니다. 여러분의 모습을 보니 저도 기분이 좋아집니다. 오늘 준비한 발표를 촉촉하게 전해 드리겠습니다. 자, 준비된 화면 보시겠습니다."

ex) 2.

"여러분!! 발표에 앞서 질문부터 하겠습니다."

"우리나라가 선진국입니까? 후진국입니까? 여러분의 생각은 어떻습니까?"

"네, 맞습니다. 선진국과 후진국의 차이는 발표 환경만 보면 알 수 있습니다."

"뒷자리부터 채워지면 그 나라는 후진국일 가능성이 있지만, 여러분처럼 앞자리부터 채워 주셨다는 것은 우리가 선진국민이란 증거가 됩니다. 그럼 이제 선진국다운 프레젠테이션을 시작하겠습니다. 스크린을 주목해 주시기 바랍니다."

ex) 3.

"네, 앞서 발표하신 ○○ 교수님에 이어 두 번째 시간 프레젠테이션을 준비한 ○○○입니다."

"전 시간 이후에 많은 분들이 자리를 비우셔서 제가 지금 다소 긴장이 됩니다."

"하지만 제 발표가 끝날 무렵엔 앞선 인원보다 더 많은 인원이 착석해 주실 것이라 믿고 준비한 발표를 시작하겠습니다. 자, 여러분! 혹시 시작하기도 전에 퇴실하실 분 계십니까?

　네~ 감사합니다. 비록 30분도 안 되는 시간이지만 이 시간 정말 의미 있는 시간을 만들어 보겠습니다. 제 말에 공감하시면 큰 박수 한번 받고 시작하겠습니다. 박수~!!"

　위의 세 가지 픽션으로 알 수 있듯이 발표자는 틈이 생기는 대로 참가자들에게 일거리를 줘야 한다. 그들이 반응이나 대답을 하지 않더라도 말이다. 마치 고구마를 찌고 나서 익었는지 안 익었는지 젓가락으로 찔러 보는 것과 같다. 청중들이 발표자를 보고 있다 하더라도 생각의 방향들은 제각각 다를 수 있기 때문이다. 안정적인 발표의 시작은 안정적인 결과로 직결되므로 프레젠테이션 첫 도입을 위해서라도 자주 질문하는 습관을 가져야 한다. 그 수준이 높고 낮음의 문제가 아니므로 즉시 익숙해질 필요가 있다.

　질문의 유형을 구분하면 집단적 질문, 개인적 질문, 독백형 질문으로 구분된다.

　가장 적합한 구조는 집단적으로 독백형으로 묻고, 개인적 질문으로 활용하는 것이 가장 이상적인 모습이 된다.

ex) 4.

　"오늘 설명회에 참여하신 여러분 중 혹시 가족들과 오신 분들 계십니까?" (집단적)

　"네, 오순도순 가족들과 함께하는 모습들 다들 부러우시리라 생각합니다." (독백형)

　"앞에 있는 우리 어린이 누구랑 왔어요? 아!! 이모였구나." (개인형)

이처럼 큰 의미를 부여하지 않는 상황이라도 참가자, 청중들에게 갖는 작은 관심들이 이내 본격적인 발표로 주목시키는 효과적인 기법이 될 수 있다. 이때 주의사항은 질문을 활용하면서 발표자 자신의 성의 있는 답변들이 어우러질 때 보다 안정적 결과를 낳게 된다.

"네~ 그렇습니다."
"네~ 맞습니다."
"네! 그렇죠!!"

등의 리액션(reaction)을 잊지 말아야 한다.

3. 제스처

경청에 이어서 경제발전탕의 두 번째 전략인 제스처(gesture)에 대해 알아본다.

'제스처' 하면 가장 먼저 무엇을 떠올릴 수 있을까? 단순히 손동작을 주기적, 간헐적으로 사용하는 것인가? 제스처란 프레젠테이션에서 꼭 필요한 것 중 하나이며 특히 결정적인 메시지, 확고함 등을 전할 때 보다 효과적인 전달의 기능을 갖는다.

그 발표자의 긴장 정도가 어느 정도인가를 알고 싶다면 아래에 해당되는 몇 가지 사항들을 체크해 보자.

* 발표자의 동공 위치와 시선 처리가 민첩하게 살피고 있으며 특정 참가자와 시선이 머무르는 시간 또한 3초 미만의 움직임을 보이고 있는가?
* 두 손을 포갠 자세로 일관하며 그 외의 아무런 자세를 취하지 못하고 있는가?
  혹은 마치 빚 받으러 온 듯한 팔짱 끼기(한 손은 마이크, 한 손은 팔짱)를 취하고 있는가?
* 발표자의 시선이 참가자(청중)들을 완전히 외면한 채 화면의 내용만을 읽어 가는가?
* 발표자가 이동을 시도하지 못거나 이동을 포기한 듯한 모습은 아닌가?
* 안정적인 표정이 나타나지 않으며 무표정으로 시작하여 무표정으로 마무리하고 있는가?

위의 경우에 모두 해당한다면 사실상 청중들로 하여금 매우 기대치 낮은 프레젠테이션이 될 가능성이 압도적일 것이다.

1) 제스처의 실체

그렇다면 제스처의 실체에 접근해 보자.
흥미로울 수도 있고 아닐 수도 있는 사실 하나를 전해 본다.
우리나라 역대 대통령들의 기본자세를 연상해 보자. 또한 매스 미디어에 자주 등장하는 세계 각국의 정상들의 모습을 떠올려 보면 그들의 공통적인 제스처가 나타난다는 것을 알 수 있다.
양손, 혹은 한 손을 마치 격파하는 듯한 자세를 취하며 간결하고도 침착하게 말하는 모습들…. 왜 그들은 말을 할 때 격파 자세를 취하며 말을 해야만 했을까?

비공식적 언어가 아닌, 공식적 언어를 불특정 대중들을 상대로 스피치 한다는 것은 매우 신중성이 요구되며 자칫 말실수라도 하는 순간엔 치명적 결과로 이어질 수 있는, 마치 타이트로프와도 같은 것이 말의 작용과 부작용이 아닐까 한다.

이렇게 중요한 연설을 하게 되면서 다소 경솔한 모습들이 불이익으로 이어질 것을 우려하면서 우선적으로 방어할 수 있는 것이 바로 제스처(gesture)다.

처음 제스처 기법들을 적용할 땐 부자연스러움은 물론 오히려 말의 기능을 저해하는 모습으로 비춰질 수 있겠지만, 말이란 자전거를 배우는 것과 같아서 넘어지지 않는 방법을 알게 되면 지속적인 전진이 가능해지는 결과로 이어지게 된다.

2) 제스처의 종
(1) 일반적인 제스처
  (말의 안정감을 돕는 유연성의 기반을 둔 5대 제스처)
  ① **자신**: 오른손이나 왼손을 자신의 명치 주변으로 끌어오며 멈춘다.
  ② **당신**: 손바닥이 하늘 방향으로 하고 손을 길게 밀어낸다.
  ③ **모두**: 양손을 좌우로 펼치는 모습이며 높이는 명치 선이다.
  ④ **확신**: 꼭, 반드시, 기필코, 확실하게 등의 굳은 의지를 말할 때.
  ⑤ **전달**: 명치 높이의 두 손을 손바닥을 하늘 방향으로 하며 꺼내어 주듯 밀어낸다.

위에서 알 수 있듯이 일반적인 제스처는, 시작점(중심점)이 명치에서 출발하는 모습이 가장 안정적인 모습이라 할 수 있다.

대중 연설, 프레젠테이션, MC 등의 경험이 부족한 사람일수록 대중 앞에서 어쩔 줄 몰라 하며 특히 두 손을 어디에 두어야 할지 모르는 불편한 모습을 자주 보게 된다. 위에 제시된 제스처 방식만으로도 전문적이진 못하다 할지라도 안정적일 수 있는 결과를 기대할 수 있게 된다.

(2) P.T와 MC의 제스처

일반적인 언어와 프레젠테이션 언어의 가장 대표적 차이는 듣는 이들로 하여금 행동을 유도하고 있는 성향이 강하다는 차이를 둘 수 있다. 그러므로 사회자나 프레젠터는 일반적인 제스처는 물론 추가적이며 전문적인 제스처를 병행할 수 있어야 한다.

위의 일반적인 제스처는 대부분 명치에서 비롯되는 모습이라면 프레젠터와 사회자의 제스처는 어깨 라인까지 올라오는 제스처가 매우 효과적이다.

프레젠터는 준비된 화면이나 영상을 안내하는 과정에 확신성을 강조해야 할 필요성이 강하므로 높게 쭉 뻗은 팔과 손으로 방향을 제시하는 모습에 익숙해야 한다.

또한 사회자는 출연자나 안내 등 여러 모습을 보여야 하므로 대중들의 시선과 행동 등을 한 박자 앞서서 전달하는 자세 등을 연마하여야 한다.

ex) 1.

"자, 준비된 화면 보시겠습니다(대중들을 외면하지 않은 자세로 손과 팔의 높이를 어깨선까지 올려 주며 화면 방향으로 유도. 이때 절도 있는 손끝의 동작도 중요하다)."

ex) 2.

"자, 다음 출연자 모시겠습니다(청중들의 시선을 출연자 방향으로 돌리는 동시에 어깨까지 올린 사회자의 팔 높이로 청중들의 기대감마저 증폭된다)."

우리의 몸을 살펴본다.
눈은 방향을!
뇌는 생각을!
심장은 공감을!
발은 위치를!
눈썹은 확신을!
입은 소리를!
그리고
손은 제스처(gesture)를!

[8] 기초 스피치를 위한 가개탄방탕
(가늠자, 개머리판, 탄창, 방아쇠)

이번 3분 스피치를 위한 주정예현탕에서는 4가지만 고민하면 된다.

아래의 사진 속 소총은 독일에서 제작된 최초의 돌격소총인 'STG 44'라 불린다.
말을 잘한다는 것, 정말 잘하는 말의 조건은 무엇이겠는가?
누구를 상대로 말하고 있는가? 어떠한 자세로 말하고 있는가? 할 말, 해 줄 말은 충분한가?
그 말을 해야 하는 시기는 언제란 말인가?
정의하자면 다음과 같다.
1. 방향성, 2. 안정성, 3. 내용성, 4. 시도성

1. 가늠자, 가늠쇠(말의 방향)

발표 대상자, 즉 누구를 위한 발표인가?에 대해 고민한다.
청소년인지, 장년층인지, 외국인인지, 직장인인지, 대상자들의 연령과 기본 의식 등을 인지하고 발표를 해야 하겠다. 익숙한 발표자라 하더라도 자신의 레퍼토리를 세대에 적합한 여러 버전으로 준비해야 하는 이유이다. 또한 발표 과정에서 나타나는 전체적 집중력도 포함하고 있다. 마치 축구 경기 중 패스 없이 단독 질주하는 것이 아닌, 참가자, 대상자들과 함께 소통하는 모습을 의미하며 주로 시각적 요소에 비중을 둔다.

2. 개머리판(말의 안정성)

자신의 발표 습관에 대해 고민한다.
경험 부재이거나 고질적인 긴장감, 불안감에 의해 불안정한 증상들이 표출되고 있는가?
긴장감에 의해 말의 속도나 문제적 행동을 반복하진 않는가?
주어진 시간동안 중심이 잡히지 않아 이른바 횡설수설, 동문서답, 호흡곤란, 동공축소와 더불어 지리멸렬한 발표가 되어 버린 것은 아닌지 사전에 고민해야 한다.
이전에 했던 발표 경험 중 그 경험시간이 짧더라도 자신의 발표 습관을 충분히 분석해야 하며 같은 실수를 반복하지 않기 위해서라도 안정적 습관을 몸에 감각화해야 한다.

3. 탄창(Contents)

무엇을 말할 것인가에 대해 고민한다.

발표 불안을 느끼는 대부분의 사람들이 입버릇처럼 하는 얘기들은 할 말이 없다는 것이다.

하지만 정말 할 말이 없는 것이라고 할 순 없을 것이다. 자신의 이야기가 지금 상황에 왜 적격인지 인지하지 못할 뿐, 누구나 경험이 있고 사연이 있고, 느낀 바가 있을 것이며, 그에 따른 다짐과 파악의 관념들이 사실상 모두 이야기의 밑천이란 사실을 이해하는 것이 우선이 되어야 한다. 혹자는 이렇게 말할 수도 있을 것이다.

'나는 배움도 짧고 사회경험도 많지 않으며 감각도 둔하고 의지도 약한데 나 같은 사람도 당당하게 발표를 할 수 있겠습니까?' 라고 말이다. 이렇게 묻는다면 이렇게 생각하면 된다.

* 배움이 짧아서 느낀 개인적 의식
* 사회 경험이 없어 불리했거나 노력했던 사례
* 감각이 둔하지만 그 밖의 장기나 장점
* 의지가 약하므로 받아 왔던 사회적 대우와 앞으로의 계획 등

참으로 할 이야기가 많아질 수 있다. 왜 할 말이 없다고 주장하는지 이해할 수가 없다.

누구나 자신만의 탄창을 가지고 있기 마련이다.

흔히 고생담, 성공담을 필두로 그간 여러 핸디캡을 극복하기 위한 노력들, 그 과정에 만나 온 여러 사람들, 그들과 함께 겪어 온 사건 사고들 등 이러한 이야기가 사실상 스피치의 밑천이라 하겠다. 문제는 그러한 밑천들이 현 발표 환경에 적합한 사례이며 근거이며 적합하냐의 문제이다. 그러므로 발표자는 자신의 탄창에 무엇이 들어 있건 그 이야깃거리를 당당히 공개할 수 있어야 한다. 이래서 말 못 하고 저래서 말 못 하면 과연 무엇을 말할 수 있겠는가? 오늘 이 책을 읽고 있는 순간에도 우린 우리만의 탄창을 채워 가고 있는 것이다.

그럼 본격적으로 탄창을 채워 본다.

쉽게 이야기를 풀어 갈 수 있어야 하므로 우리가 알고 있던, 속담, 격언, 명언들을 스토리텔링에 활용한다면 사실상 이야기꾼이 될 수 있는 것이다.

자!! 탄창을 채워 봅시다.

1) 새로 쓰는 속담&명언&격언

우선적으로 당부 말씀 전한다.

신 원장 나부랭이가 어찌 위대하며 세계적인 명언들을 상대로 그릇되었다 맞설 수 있겠는가? 다만 시대적인 빈틈과 다소 채워지지 않는 마음들을 대신하여 고구마 먹고 물 마신 듯한 느낌을 찾고자 명언과 속담들을 재구성하게 되는 것이며, 스피치 강사 신분으로서 가십거리와 스토리텔링에 적합한 주제들이라 판단하여 재미를 더한 접근을 했을 뿐임을 밝힌다.

ex) 1. 남녀

* 남자는 첫사랑을 못 잊는다지만, 난 첫사랑이 누군지 모른다.

과연 첫사랑의 기준은 무엇일까?

심장이 바운스~ 바운스~ 하게 만든 사람을 만나는 것만으로도 사랑일까?

아니면 당신을 사랑한다는 마음을 고백하고 두 사람의 마음이 하나가 되어야만 사랑의 성립일까?

순진무구한 신 원장은 아직도 사랑을 모른다. 정말 모른다. ~검을 흑 흑흑

* 여자의 직감은 무섭지만, 모든 여자가 예리한 건 아니다.

역설해 보면

남자는 단순하지만 모든 남자가 단순한 건 아니다.

네~ 그래요. 무속인을 능가하는 예리함을 가진 여자도 있는가 하면, 무늬만 여자인 여자도 있기 마련이다.

주변부터 살펴봅시다~ 가까운 곳에 그녀들이 있을 수 있다.

* 남자는 죽어도 집 밖에서 죽어야 한다면, 정녕 객사를 원하는 것인가?

선조들의 말씀에 따르면 남자는 집 안에서 자신의 행실을 할 수 없으니 집 밖에서 대외적인 업을 하란 내용으로 해석된다.

그래서 우리에게 익숙한 '바깥양반'이란 말이 생겼는지 모르며 '안사람'이란 말도 더불어 생긴 것인지 모르겠다.

특히 요즘처럼 PC 스마트폰의 보급화로 인해 움직이지 않는 남자들이 많다.

남자들이여~ 지나친 집구석 생활은 가정불화와 냉전의 지름길이다.

밖으로… 어여~ 밖으로 나가십시다!! 단!! 죽지는 맙시다! 크흑흑

* 여자의 마음은 갈대다. 즉, 꺾을 수 있다는 결론이다.

이랬다가 저랬다가 왔다 갔다 하면서도 어느 날엔 우울하고 어느 날은 희희낙락하는 것이 여자라고 가정한다면, 누군가 조금만 기분 맞춰주면 헤벨레~ 웃는 것이 남자일 것이다.

갈대는 흔들리나 머물러 있고, 바람은 보이지 않으나 모두를 흔들어 놓을 수도 있으니 여자의 마음이 갈대라면, 그녀들을 흔드는 남자들의 능력도 천차만별일 것이다.

* 열 길 물속은 알아도 한 길 사람 속은 능력껏 알아보자.

열 길… 한 길이 흔히 말하는 일반적 어른의 키라고 한다면 어림짐작하여 15미터 안팎으로 추정해 볼 수 있다. 그것도 사실 옛날 얘기지요. 금수강산도 옛말이오, 지구온난화다 뭐다 해서 녹조&적조가 우리의 시야를 더럽힌 지가 오래여라~ 몇 남지 않은 지역의 물속만이 열 길 속을 들여다볼 수 있는 지금이 참으로 마음 아프구려. 그래도 신 원장은 참 운이 좋았다. 오래전 tv문학관 시절에나 나올 법한 소달구지 타고 강줄기 돌아다닌 유년의 기억이라도 많으니 말이다. 세월이 아무리 변했다 하더라도 아무리 스마트 세상이라 해도 사람의 마음도 물과 같아서 환경과 습관에 의해 탁해지며 투명성을 상실하게 된다.

굳이 사람의 마음속을 들여다보고 싶거들랑 나로 하여금 상호 간의

정화 환경을 먼저 구축하면 어떨까? 그게 뭐냐고요? 바로 말이다. 말 말 言 say speak

사람 속을 알고 싶으면 말부터 걸어 보자. 지금 당장!!

* 여자는 약하고 어머니는 강하고, 우리 엄마는 더 강하다.

그 옛날 마을에 야시장과 유랑극단(약도 팔고 서커스 공연도 하고 영화 상영도 하는)이 우리 마을에 일시적으로 자리 잡은 적이 있었다. 동네 형아들하고 뛰놀던 신 원장은 그곳에서 상영되는 공포영화 〈월하의 공동묘지〉를 보겠다고 주변을 서성이다가 비공식 출입문을 이용하려던 찰나 극장 문지기에게 잡혀서 먼지 나도록 맞던 적이 있었다. 이때 주변을 지나시던 한 아주머니가 뒤도 아니 돌아보시곤 그 남자에게 달려들어 전라도 특유의 과격한 발성과 원색적인 어택으로 순식간에 문지기 맨을 녹아웃시켜 버렸다. 그때 비로소 '싸움은 저렇게 하는 것이구나' 하고 깨달았다. 그분은 바로 신원장의 어머니였다.

* 여자의 적은 여자, 남자의 적은 월급.

시작부터 궤변으로 시작되었다.

흔히 거리를 거닐 때면 남자들은 지나는 여자의 얼굴, 몸매, 복장 등을 살핀다고 한다.

물론 신 원장은 안 그렇다~ 오직 마음만 본다~

하지만 여자들은 옷, 색채, 가치 등을 비교하고 대조한다고 한다. 남자나 여자나 걸어 다니는 바코드 기능을 갖춰 가는 것 같다.

남자들은 이해하기 어려울 수 있지만 여자들은 자신과 같은 브랜드, 혹은 똑같은 옷을 입고 있는 사람을 발견하면 언짢아진다고 한다. 남자들은 그냥 서로 웃어 주거나 친하면 팀워크까지 기대할 수 있는데 말이다. 하지만 그만큼의 고충이 있다.

같은 옷을 입으면 언짢아지는 것처럼, 직장에서 같은 월급이거나 같은 처우라면 더 벌어야 한다는 스트레스가 남~자들을 짓누르게 된다. 연봉, 보너스, 상여금, 4대 보험 등 이런 것들이 우릴 대신하고 있다니… 교육비, 생활비, 유류비, 적금, 보험료, 남자의 적은 정녕, 월급이었다~~~ 하아….

* 여자의 변신이 무죄라면 이왕 변신합체는 어떨까?
아!! 그래서 걸 그룹들이 계~속 계~속 나오나 보다?

* 남자는 애 아니면 개다. 도대체 무엇에 쓰는 사람들일까?
애=철이 없는? 사리 분별이 어려운? 여성에 비해 다소 주관적인?
개=나를 공격하거나, 나에게 복종하거나, 둘 중 하나?? 아흐….
으~~~ 남~~~자여~~~

ex) 2. 돈

* 사람 낳고 돈 낳지만 자본주의 경제 체제??
돈이란 것이 참으로 우습다.

조금 가지고 있으면 살기 편한데, 많이 가지고 있으면 세상을 쉽게 보는 경향이 있으며, 능력 대비 필요 이상의 돈을 갖고 있으면 없던 시절만 못한 결과들을 흔히 볼 수 있었다.

돈 좀 있다고 허세는 금물이다.

배불러도 상것은 상것이오, 굶주려도 선비는 선비이니.

* 부자는 하늘이 내려 준다지만, 몇몇 아버지들도 내려 준다.

아!!~~ 우리 아버지는 왜?? 몇몇 아버지가 아니셨을까?

누구처럼 21세기 서울시 지하철 요금이 70원?으로 알며 살고 싶기도 하다.

하지만, 가난한 아버지들은 우리에게 크고도 위대한 가르침을 주셨다.

바로 '당신 자신처럼 고생하면 안 되겠구나' 하는 최소한의 방식들을 몸소 내려 주고 계셨으니, 훗날의 부자는 당신이 될 가능성이 커지고 있다. 감사합니다. 아버지!!

* 애들은 돈이 없다. I don't NO!!

나는 돈이 없다~란 해석도 되지만, '아이들은 돈이 없다'라는 뜻도 된다.

언제부턴가 현금 거래가 급속도로 사라지고 있으며 동네 슈퍼마켓만 하더라도 아이들이 카드를 내미는 광경을 쉽게 볼 수 있다. 즉 애들은 돈이 없지만, 카드는 있다~는 결론이다. 돈이 어디서 막 그냥 나오는 줄 아는 이놈 자아-식들… ^^

* 돈이 돈을 부른다… 내 돈들도 그런 잔재주가 있을까?

신 원장은 주식 투자? 이런 거 모른다. 알고 싶지도 않다.

펀드? 무슨 접착제 친척쯤으로 알고 있다.

그 쉽다는 고스톱도 못한다.

하지만 분명하게 이해하는 건 하나 있다.

돈은 생기는 게 아니라 벌어야 한다는 것.

투자로 돈이 불어나는 것 또한 지속적인 분석, 노력의 결과이니 벌었다는 표현이 맞을 것이다.

생기기를 바라는 마음보다 벌겠다는 마음이 우선시되어야 한다.

돈이 돈을 부르고, 가난도 돈을 부르니 '돈', '돈', '돈', 돌고 돌아 돈이듯 돌아~ 버리게 하는 '돈'.

* 십 원을 우습게 알면 십 원 때문에 망한다? 정말일까?

언제부턴가 무궁화 그려진 1원짜리와 거북선이 새겨진 5원짜리 동전도 찾아보기 어렵더니 급기야 10원짜리 동전도 서서히 자취를 감춰가고 있다.

가수 싸이 씨의 데뷔곡 〈새〉라는 노랫말에 '이 십 원짜리야!!'라는 구절이 등장한다는 것은 그만큼 가치가 떨어진 점을 의미하나 보다. 하지만 격언은 격언일 뿐, 10원 아끼려다 100원, 1000원을 잃는 불상사는 없어야 할 것이다.

'아끼다가 X 된다'라는 할매들의 말씀처럼 무분별한 절약은 궁상의 지름길이 되기도 한다.

이렇듯, 인생에서도 때를 기다려야 할 때와 지금 즉시 행동해야 하는 때가 존재한다.

겸손하듯 아끼고, 과감하듯 행동하자. 단!! 10원짜리 무시하지 맙시다.

동전 중 몇 안 되는 스탠딩 기능을 갖춘 동전이 10원짜리다. ^^

* 가난한 집에 자식이 많고 부잣집엔 더 많다.

80년대 공익 광고 중에 '축복 속의 자녀 하나 사랑으로 훌륭하게'

70년대 공익 광고 중에 '둘만 낳자'
60년대 공익 광고 중에 '덮어 놓고 낳다 보면 거지꼴도 못 면한다'
그러더니 지금은 출산장려금, 아이 돌봄 서비스가?? 오우!! 이런
우리도 살 만하면 둘째!! 셋째는 물론 넷째도 면접할 수 있다!!
신 원장 아직 젊다더라!!

* 돈을 잃은 건 적게 잃은 것이다? 혹시 남의 일이라고 쉽게 말하는가?
주로 인근 식당에서 자주 발견되는 문구다.
돈을 잃으면 조금, 명예를 잃으면 많이, 건강을 잃으면 전부.
짧은 구절 대비 강력한 공감을 이끄는 문구임에 틀림없다.
그렇다면 여~~러분에게 질문해 본다.

돈, 명예, 건강, 이 중 반사적으로 하나만 가지라고 한다면 무엇을 잡겠는가?

-기준-
돈은… 뭐… 대략 3억… 원 현금?
명예는 TIME지 선정급??
건강은 평생 몸살감기 한번 걸리지 않는 정도?

자!! 여러분 망설이지 마시고 마음껏 골라 보자!! 무엇을 원하는가??
시간이 없다!! 5초 안에 골라 봅시다. ^^

ex) 3. 용기&자신감

* 하룻강아지 법? 무서운지 모른다.

하릅, 두릅… 하루밖에 안 된 강아지를 말하는 것이 아니라, 1년생 강아지를 의미한다.

사람의 나이는 한 살, 두 살이지만, 짐승의 나이는 하릅, 두릅, 세습, 나릅으로 불린다.

아, 나도 어느덧 나릅대라니…

법 없이도 살 수 있어야 할 낀데…

* 열 번 찍어 안 넘어가는 나무가 더 많다.

세상 그 모든 일이 마찬가지일 것이다.

잘하고 못하고의 문제가 아닌, 시도하느냐 안 하느냐의 문제인 것이다.

시도하고, 시도하고, 또 시도하자. 도레미파솔라시도~~

* 용기 있는 남자보다 능력 있는 남자가 미인을 얻는다.

여러분의 머릿속에 어떤 미녀를 떠올리든 뭐 그리 중요하지 않다.

또한 각자 생각하는 미인의 기준이 다를 것이다.

쭉쭉 빠진 8등~신을 미인으로 볼 수 있고, 얼굴은 브이 라인, 얼굴은 에쓰 라인,

아주 그냥 죽여 줘~~하는 듯한 여인네를 미인으로 규정할 수도 있다.

허나 신 원장 생각은 다르다.

그 여자가 누구든, 외모든 멘털이든 미인으로 튜닝할 수 있어야 한다.

그런 남자가 능력 있는 남자 아닐까?

* 남자가 칼을 뽑으면 일단 주변이 위험하다.

말과 행동에 대한 일체성을 지적하는 명언이었을 것이다.

하지만 세상은 변했다. 공공장소에선 칼을 뽑지 말자. 다친다.

음… 아무래도 최소한의 호신술을 익혀야겠다.

이 책을 구매했다면(칼 뽑았다면)…

읽어 보기로 마음먹었다면 끝까지 읽어 보자.

* 길고 짧은 건 굳이 맞대 볼 필요가 없다.

비슷한 속담 중 그것인지 된장인지 찍어 먹어 볼 필요가 없다 하듯.

* 하늘이 무너져도 솟아날 구멍 이전에 하늘 무너지는 거 보신 분?

최악의 위기 상황에도 포기하지 말라는 메시지로 해석된다.

지구 반대편의 축구 경기를 단 1초 만에 시청할 수 있는 시대가 되었다.

조금만 주위를 둘러보면 위기를 넘길 수 있는 매뉴얼들이 즐비하다.

자신의 개방된 마음만 있다면 대동단결은 시간문제라는 것이다.

진짜로 무너질 때까지 무너진 것이 아닌 것이다.

* 불의를 보면 참지….

이 나라에 법이 없었다면 신원장도 쫄쫄이 히어로 중 하나가 되어 있을지 모른다.

허나 이 나라는 엄연히 법이 존재하고 심하게 엄격한 법규들이 존재한다.

일부 법은 납득이 안 가는 법도 있다.

불의를 직면하고 함부로 덤벼들면 되레 불이익이 돌아오는 법적 구조를 가진 시대가 지금이다.

불의를 보고도 모른 척하는 사람들은 없어야 하며 법은 정녕 국민을 위해 존재해야 한다.

악당들이 법망을 피해 다니고 악용할 수 있도록 허점을 만들어서도 안 될 것이다.

우리의 법이 누구를 위한 법인지 간과하면 아니 되는 것이다.

* 인생 한 번 죽지 두 번 죽으랴! 즉… 몸 사리자.

20대엔 내 무릎이 티타늄으로 만들어진 초강력 무릎인 줄 알았다.
20대엔 내 이빨이 스테인리스로 만들어진 합금인 줄 알았다.
20대엔 내 심장이 시추선 펌프쯤 되는 줄 알았다.
하지만 쩝쩝쩝 지금도 그렇다. @@
그러나 이젠 몸 사릴 것이다.

* 도전 없는 성공도 꽤 많다.

세상은 공평하다고 보는가?

신은 공평하다? 귀에 딱지 앉을 정도로 자주 들어 온 말이다.

하지만 늘 사회에 불만?이 많았다. 불공평한 관행, 제도, 정책 등에 불만이 많았다.

하지만 정말 공평했다.

단지 시간의 문제일 뿐 가던 것은 멈추게 되고, 밑에 있던 것이 오르게 되고,

상단에 있던 것은 하단으로 내려오는 현상들을 자주 접하게 되었다.

흔히 말하는 갑질 세상이라 해도 그 위치가 높으면 높을수록 한 방에 훅~ 가는 것이 지금이다.

즉 그대에게도 기회가 온다는 것이다.

기회…

오는 대로 잡자. 때려잡자 기회.

* 포기는 배추를 살 돈이 없을 때도 쓴다.

페이지 수가 아직 많이 남았으니 포기하지 말고 끝까지 읽어 갑시다. ^^

ex) 4. 인생 편

* 인생은 짧고 예술품은 비싸다.

어린 시절엔 이 말의 뜻을 잘 이해하지 못했다.

예술품은 그냥 예술품이라 비싼 것인 줄만 알았다. 하지만 그 작품이 누구에 의해서,

왜? 어떻게?라는 공정과 과정 속에서 그 가치가 달라진다는 것을 이해하게 되었다.

비단 예술품이 아니라 하더라도 우리는 우리의 결과물 중 무엇을 유산으로 남겨 둘 수 있을까?

조용필의 킬리만자로의 표범 중 '내가 산 흔적일랑 남겨 둬야지~' 이 대목이 크게 와닿듯이 우리의 가치를 이해하고 가치를 높여 보자.

제목에서 언급된 비싼 예술품은 바로 당신을 의미한다.

* 뜻이 있는 곳에 가끔 길이 있다.

또 한 번 강조하지만 시대는 변했다. 앞으로도 그러할 것이다.

뜻이 있어서 왔건만 같은 생각을 가진 사람들이 이미 와글와글 모여 있게 되는 시대가 지금의 시대이다.

내 뜻이 그렇듯 남들의 뜻도 그렇다. 그래서 이젠 뜻이 있는 곳에 가끔씩 길이 있게 된다.

그토록 가끔씩 길이 있다 하더라도 그 또한 먼저 움직이고 먼저 생각하고 먼저 행동하는 사람들이 갖게 되는 것이다.

이처럼 먼저란 단어는 별것 아니지만 상당히 중요한 단어이다.

먼저 웃어 주고 먼저 인사하고 먼저 친절하고 먼저 배려하고 이게 왜 어려운 거지?

심지어 길이 없다 하더라도 그까이 꺼 길을 만들어 가면 되지 않을까?

* 오늘 못한 일은 내일도 못할 가능성이 높다.

오늘 읽기로 마음먹은 책을 오늘 안 읽으면 내일도 안 읽게 될 것이다.

* 천 리 길은 대중교통을 이용하자.

자신의 한계와 맞서 싸우는 모습이 아닌 이상 시간을 아끼자.

그 옛날 소심쟁이 신 원장은 버스를 잘못 탔으면서도 그 말 한마디가 어려워서 내려 달란 말을 못하고 종점까지 갔다가 뒤늦게 걸어서 귀가한 적이 있었다.

그렇게 오랫동안 걸어오며 느낀 것은 다시는 이와 같은 실수를 하지 않겠다고 다짐한다.

하지만 지금 생각해 보면 의미가 없던 시간만은 아니었다.

그렇게 고독을 잘근잘근 씹어 가며 걷고 걷던 행동에서 지금의 깨달음을 얻었기 때문이다.

결론은 실수는 한 번이면 족하고 그 실수를 되뇌며 교훈의 거울로 삼으며 의미 없는 시간을 대폭 줄여 버리자. 팍 팍!!

* 하다가 안 하면 한 만큼 이득이다.

책을 읽는다는 것도 마찬가지다. 끝까지 읽어 나가자.

'하면 된다'가 '되면 한다'로 바뀐 것과 같은 이치인가? 아닌가? 맞나?

* 구르는 돌도 결국 돌일 뿐이다.

이끼만 안 낀다고 해서 능사는 아닐 것이다.

인생 살아가며 때가 묻는 사람도 있고, 때를 묻히며 살아가는 사람들도 있다.

때가 묻지 않아야 함은 기본이며, 이젠 어디에서 어떻게 구를 것인가에 대해서도 고민해 본다.

* 아니 땐 굴뚝엔 결코 연기가 안 난다.

한 맥주 광고 카피 중 팍 와닿는 카피가 있었다.

"아무것도 하지 않으면 아무 일도 일어나지 않는다."

완전 연소가 되었든 불완전 연소가 되었든 연료가 있으므로 타는 것이다.

당산의 연료는 충분한가?

* 하늘을 봐도 별을 딸 수 있는 마땅한 방법은 없다.
아!! 방법이 있다.
일단 장교가 되자.

* 티끌은 많이 모을수록 처치 곤란이다.
스마트폰의 크기, 두께가 얇아지고 있다.
하지만 용량은 갈수록 커지고 있다. 어찌 된 일인가?
질적 콘텐츠를 모으고 저장하는 방법도 이젠 전략화되어야 한다.
그 옛날 사법고시생 방처럼 책들이 가득 쌓여 있을 필요가 없는 시대이다.
그날의 티끌은 그날에 버리자. 과감히.

* 오르지 못할 나무 쳐다본다 하여 법적 책임이 따르지 않는다.
그대여 무엇을 원하는가?
원하는 것이 있으면 가져오라, 그대의 것으로 만들라
원하고만 있다면 그냥 원하는 것일 뿐
원하면 가져오라. 도전하라!!
우주의 기운 따위엔 기대하지 마라.
READY~~~ ACTION!!!

* 젊어 고생은 늙어서 신경통, 류머티즘, 관절염의 원인이다.
젊은이 여러분 ~
오해하지 맙시다.
고생하지 말란 메시지가 아니오니 오해 맙시다.

젊어 고생은 신경통 류머티즘 관절염의 원인이지만,
자부심, 성취감, 경쟁력, 깨달음의 원인이기도 합니다.

* 내일 지구가 멸망한다면 못 해 본 것부터 하자.
그동안 못 해 본 일 중 대표적인 것.
지구를 위한 것, 지구를 살리는 것.
멸망하게 놔둘 것인가?

* 일찍 일어나는 새는 도대체 몇 시부터 일어난 새를 말하는가?
벌레들이 비상 걸렸답니다.
언제 잡혀 먹힐지 모른답니다.
일찍 일어나는 새들이 게을러터지길 바라며…

-벌레 일동-

* 강한 자가 살아남는 게 아니라 명줄 긴 놈이 살아남는다.
우우우~ 우우우~ 우우우~ 우우우~
이른 아침에 잠에서 깨어
너를 바라볼 수 있다면.[1]

* 고생 끝에 고생이면 어찌할 텐가?
몰랐습니까?

---

1 주병선, 〈사랑을 위하여〉, 《물안개처럼 피어오르는 아름다운 사랑의 노래》, 2013

정말 몰랐나요?
관 속에 들어갈 때까지 고생입니다.

Go Go Go. 쌩~~~~~

* 세 살 버릇이면 고칠 수 있는 가능성이 충분하다.
한 아이가 있습니다.
이른바 삼적 동자라 불린 아이였습니다.
여기서 삼적이란 느그적~ 걸리적~ 끈적을 말합니다.
키우면서 그때그때 바로 잡았어야 했건만
그 아이는 청소년이 되도록 느그적거리고 걸리적거리며 손바닥도 끈적입니다.
그 아이가 바로 신현진입니다. 꼭 바로 고치겠습니다.

* 바늘 도둑은 바늘로 무엇을 하려던 것일까?
아마도 바느질, 봉제, 세탁소 관련 인물의 소행인 듯하다.
그 작은 바늘로 무엇을 하려 했는지는 몰라도
분명한 것은 바늘이란 니들(needle)이 된다.
즉 니들은 도둑질하면 안 되는 것이야~라는 메시지가 아닐까?

* 피는 물보다 빨리 굳는다.
피가 아무리 물보다 진하다 한들 굳는 속도는 훨씬 빠르다.
굳는다는 것은 전과 다른 것을 말하며 가족 간의 '의리' 또한 굳을 수 있다.

그러므로 처음부터 상처를 내는 일은 없어야 하겠다.
내 가족과의 의리!! 내가 아니면 누가 지키으리!!

* 호랑이는 죽어서 가죽이라도 남기지만 사람은 죽어도 돈이 든다.
이노무 인생은 어째서 태어나는 순간부터 관에 들어갈 때까지 돈이 드는 것인가?
그건 나중에 논하자….

대부분의 아이들은 초등학교 시절 자신의 재능과 장기를 발견하게 된다.
또한 그러한 재능에 지원이 받침된다면 더할 나위 없이 좋은 인재로 성장해 간다.
하지만 자신의 재능, 장기, 심지어는 꿈마저 상실해 버리고 표정 없는 하루하루를 살아가는 청년들이 넘쳐 나고 있다. 아무래도 그들은 자신들이 영원토록 청년일 줄 알고 있는 것 같다.

* 그 친구를 보고 그 사람을 알 수 있으면 무속인인가?
초록은 동색이요 가재는 게 편이라 했듯이 똥 덩어리는 건드리지 않아도 냄새가 풍긴다는 것을 알 수 있다.
그러니까 처음부터 애써 건드려 볼 필요도 없는 것이다.
아름다운 꽃은 어떻게 알고 오는지 벌과 나비가 모여든다.
파리가 있는 곳에 똥 덩어리가 있고, 나비가 있는 곳에는 꽃이 있다.

* 피할 수 없으면 막아라.
영화 〈실미도〉의 명대사 중 하나는?

1) 비겁한 별명입니다.
2) 안 비겁한 변명입니다.
3) 비겁한 변명입니다.

언제까지 ○○○ 때문에 못 한다고 할 것인가?
언제까지 ○○○가 없어서 못 한다고 할 것인가?
내가 피해 버리면 누군가가 다쳐도 다친다는 것을 잘 알면서 그래도 피할 것인가?
수직구조, 상하관계란 내가 피하면 동료든, 고객이든, 기업이 다치게 되어 있다.

* 하면 된다. 하지만, 해도 되나?
당연하다. 해도 된다.
해도 된다. 하면 될까?
지금 시대는 워낙 조심할 것이 많은 시대다.
그게 누구라도 안전하지 않다. 한방에 '훅' 갈 수 있는 시대가 지금 시대다.

* 우물 안 개구리는 확실한 안전을 보장받았다.
최근 헬조선이란 말이 젊은이들 사이에 확산되었다.
하지만 젊은이들이 모르는 것이 있다.

우린 새벽에도 편의점을 찾아다닐 수 있지만…
우리나라의 치안, 좋든 싫든 세계적 수준인 것은 분명하다.
우물 밖을 나가 본 사람은 그 우물의 든든함을 실감하게 된다.

* 직업에 귀천은 없다? 그렇다면 해킹기능사 1급, 은행털이 지도사 1급, 빈집털이 전문가, 유괴상담사 등은 유망 직종인가?

직업은 귀천이 있다. 하지만 그 귀천은 스스로 설정하는 것이었다.
옛날 자연농원 아르바이트 시절 코끼리 똥을 치우던 필자는 퇴근길이 정말 편하였다.
버스 승객 중 아무도 내 주변을 오지 않았기 때문이다. 이것이 천(賤)이다.
하지만 나의 퇴근 시간은 뿌듯함의 시간이다. 세상에서 제일 큰 똥을 치워 봤기 때문이다.
이것이 귀(貴)이다.
젊을 땐 무슨 일을 해도 멋진 일이다.
단 내 것이 아닌 것은 가지려 하지 않아야 한다. 간단하다.

* 너의 시작은 미약하였으므로 이미 떡잎부터 알아본 것이다.

호랑이는 고양이로 키워도 호랑이였고,
고양이는 호랑이로 키워도 고양이였다.

* 산 너머 산이라. 등산의 묘미를 만끽하자.

그럼 뭐 정말 꽃길만 걸을 줄 알았습니까?
정말 그럴 줄 알았습니까?

숨 쉬는 동안 만나 본 적도 없던 별별 희한한 산들을 계속 만나게 될 것입니다.

정상이라 해도 정상이 아닐 것이며 정상일 수 없는 비정상적인 것이 인생입니다.

매번 산을 오를 적마다 눈누난나~ 새 기분 새 마음으로 오릅시다.

* 달면 삼키고 쓰면 몸에 좋다.

달달해도 몸에 좋은 것이 있습니다. 바로 커피라네요.

달달해도 몸에 해로운 것이 있습니다. 바로 커피라는군요.

* 한 우물만 파라. 단 신속히 파라.

내가 했던 생각, 남들도 하게 되는 시대.

남들이 했던 생각, 나만 모르는 시대.

동작 빨라야 하며 한발 앞서 있어야 하는 것이 있다.

그것을 우리는 '촉', '감각', '센스' 등으로 부른다.

* 오늘 나의 헛된 시간도 충분히 동기부여가 될 수 있다.

정말 아~무것도 안 하고 의미 없는 나날들을 보내 보았다.

지쳤다는 이유로, 힘들다는 이유로, 무기력한 매일매일을 보냈다.

그 아까운 시간들을 버려 가며 여러 차례 혼자 중얼거리며 되뇌게 된다.

창조하지 못하는 자신을 훈계하고 질책하며 스스로를 혹사 시키게 되었다.

그렇게 해서 탄생을 하게 된 책이 바로 〈신원장의 1프로 스피치 처방전〉이다.

* 소 잃고 외양간을 고칠 수 있어서 참 다행이다.
소 잃었다고 외양간 버리는 사람들보다야 낫지 않은가?

* 뿌린 만큼 거두고 거둔 만큼 뿌려야 한다.
오늘만 살 거라면 모를까? 급변하는 시대에 자신의 직업, 자신의 직장, 그것 하나만을 의존한다는 것은 매우 불안정한 모습이 된다. 같은 취향, 같은 재능, 같은 방향을 꿈꾸고 설계하는 그들을 찾고 그들을 만나자. 결국은 인적 자산이 최고의 자산이다.

* 개똥도 약으로 쓰면 결코 안 될 일이다.
말라리아 아르테미시닌은 개똥쑥의 활성 성분으로 밝혀졌으며, 특히 높은 약물 내성을 포함해 말라리아 치료 효능에 대한 더욱 자세한 분석이 이루어지고 있다. 개똥은 쓸모가 없지만 개똥쑥은 쓸데가 많다.

* 세상은 좁고 할 일은 없다.
지구는 넓다. (지질학적 관점)
지구는 좁다. (천문학적 관점)
지구는 크다. (경역학적 관점)
지구는 놀랍다. (문화적 관점)
지구는 틀렸다. (비관론자적 관점)

"드디어 할 일이 생겼다."

영화 〈말죽거리 잔혹사〉 중 주인공이 복수를 다짐하며 하는 말.

ex) 5. 깨달음, 용서

* 아침에 깨달았다면 굳이 저녁까지 기다리나?
우스갯소리로 90대가 없는 것은?
시간이 없다. 그게 무엇이든 지금 당장 하라.
"바로 지금이 그대에게 유일한 순간이며 바로 여기가 그대에게 유일한 장소이다."

-서태지-

'지금 알게 된 걸 그때도 알고 있던 사람이면 신동이다.'
그걸 깨달아 가는 사람이 신동석이다.

* 산은 산이요 물은 물이요, 이거 모르는 사람?
모른다는 것은 알아 갈 수 있다는 것이며, 알아 가기 위해선 책을 읽어야 하며
책을 읽어야 한다면 도움을 주는 양서류를 읽어야 한다. 이 책도 그 중 하나인가?(연쇄법)

* 악법도 법이다란 말 자체가 악법이다.
법규를 크고 빠르게 읽어 보면 한 떨기 욕이 나온다.

* 자리가 사람을 만든다. 인사청문회를 참조하자.
인: 인기스타가 한 명씩 나오는 청문회

사: 사적 감정을 자제해야 하는 청문회
청: 청탁이든 뇌물이든 공개되길 바라는 청문회
문: 문제는
회: 회가 거듭될수록 더욱 센 놈이 나오는 청문회

'아침엔 네 개, 점심엔 두 개, 저녁엔 세 개=홈페이지 광고 글.'
스핑크스의 수수께끼가 생각납니다.
가만… 아침엔 네 개였는데 두 개로 변했다가 세 개가 된다면…
정답은 변신 합체 켄타우로스 종족.

* 오른손이 하는 일 왼손은 몰라도 난 다 안다.
수많은 취업 준비생들을 만나며 증언을 들어 보면 다들 비슷~한 봉사활동을 했다고 한다.
하지만 일부의 모습은 봉사활동이라고 보기엔 다소 의무 활동으로 느껴지기도 하다.
누구나 스스로 돕는 세상을 꿈꾸며….

* 용서하라, 또 용서하라… 언제까지?….
용서는 사람을 위한 것.
사람이 아닌 경우도 용서를 해 줘야 하는 것인가?
나라를 위기에 몰아넣었던 장본인 최 모 씨가 3년 구형을 받았다 한다.
장난 나랑 지금 하냐?

* 아버지는 말하셨지 인생을 즐겨라. 우리 아버진 다르게 말씀하심….
여러 사람들을 만나게 될 것이다.
누군가는 못살게 굴 것이고, 누군가는 무조건적인 친절을 보일 것이다.
주의하라. 사기꾼일수록 언제나 꿀을 바른다.
-우리 아버지 말씀-

* 스승보다 제자가 났다. 그래서 체벌이 필요 없었나?
학생들한테 폭언하면 안 돼요.
학생들 때리면 더더욱 안 돼요.
얘들 머리 쓰다듬어도 안 돼요~ 특히 여자애들은 더더욱 조심해야 한대요.
화장을 하고 오든 욕을 달고 살든 귀하디귀한 자식들이니 잘 모셔야 한답니다.
아흐… 가출한 교권이여~

* 교육이 산으로 가는 이유는 많은 학생들이 등산복을 입고 있기 때문이다?
물론 많은 학교들이 산 중턱에 위치하고 있긴 하지만…
그래서 학생들이 등산복 입고 다니나 봅니다.
그런데… 그 등산복이 웅와~ 20만원 넘는 등산복이라네요. 다들 부잣집 자녀들?
이쯤 되면 교복보다 잠바가 더 비싼 게 맞나요?

* 자식 이기는 부모 있다… 그게 바로 나다!!
쥐에게 쿠키를 주면?

다 먹고 나서 우유를 달라고 한다.
자식 이기는 방법 간단합니다. 자식을 모시지 않습니다. 키우는 겁니다.

* 밥이 보약이다, 잠도 보약이다, 웃음도⋯ 우리 집은 결국 한의원이었다.
음식으로 환자를 치료할 수 있으면 약은 사용하지 말아라.
-히포크라테스-

* 오른쪽 뺨을 맞든 왼쪽을 맞든 합의하지 말자.
맞지도 말고 때리지도 맙시다.
특히 갑질 하는 사람들에게 합의란 없어야 한다는 생각을 해 봅니다.

퀴즈: 세상에서 가장 관대한 것은?
[우리의 법]

* 애들은 원래 싸우면서 큰다. 국회의원들은?
1번: 덜 자란 애들이라서 그렇다.
2번: 큰 사람이 되기 위하여 그렇다.
3번: 지독한 놈이 은퇴하면 더 지독한 놈이 나타나서 그러한다.

* 진리가 너희를 질리게 하리라.
일요일 아침 초인종 누를 때 질리고,
뭘 그렇게 잘못한 게 많은지 땅바닥 두드리며 우는 모습들에 질리고,
돈을 내야 구원받는다는 논리에 질리고,
타 종교는 무조건 사이비란 주장에 질리고,

진짜 종교인보다 가짜 종교인이 많아서 질리고.

* 이것 또한 돌아오리라.
어린 시절 같은 반 친구의 험담을 했습니다.
그 후 어느 날 그 당사자는 제게 말합니다.
"너 내가 (   )라고 했다며?"
생각보다 심각해진 상황에 깊이 반성했습니다.
비밀이란 그러합니다. COVID19보다 빠르게 확산됩니다.
이 원리라면 박수든/칭찬이든 적용해 볼 수 있겠습니다.

* 긴 병에 효자 없는 것이 아니라, 효자가 없기에 긴 병이 생긴다.
증오의 길이
존경의 길이
사랑의 길이
효도의 길이
각기 길이를 매겨 보세요.

* 한 번 실수는 병가지상사다. 그럼 두 번 실수는?
실수의 척도와
신뢰의 척도는
반듯하게 비례합니다.
두 번 실수하면 신뢰를 두 번 잃게 됩니다.

* 용서받고 싶으면 먼저 용서하라. 단, 버릇 나빠지지 않을 정도로.
주는 것에 익숙한 사람도 있고
받는 것에만 익숙한 사람도 있다.
아무리 생각해도 친척분들께 용돈 받던 때가 좋았다.

* 친구 따라 강북? 간다.
초역세권 강남역 반경 3km 이내의 1층 상가가 거래되지 않는다고 한다.
강남스타일도 영원하지 않다니….
쥐구멍에 볕이 들기를 바라며 경기회복을 바라고 바라는 바이오맨~

* 뛰는 놈 위에 나는 놈, 나는 놈 옆엔 묻어가는 놈.
살아오면서 절~묘하게 마주쳤던 짝퉁들.
프로스펙스, NICE, 랜도로바, 삐에로가로등, AMYCALL, 르까크, 퀸콩, Micky house, 도너츠도너츠, 김밥지옥.

* 신문, 책 모두 사람이 만든 것. 당신도 사람임….
책을 가까이 하라!
당신을 더 가까이 하라!
당신 자신이 책이고, 영화이며, 주인공이다.

* 펜은 칼보다 강하고 휴대가 간편하다.
퀴즈: 펜을 많이 휴대하며 분실하지 않는 것?
[펜 관리]

* 미운 놈 떡 하나 주고 안 미운 놈 떡 두 개 준다.
밉다 못해 나쁜 놈은 줬던 떡도 뺏어야 한다.
아… 떡 먹고 싶다…
백설기, 무지개떡, 개떡.

* 낫 놓고 부메랑? 던진다.
어플리케이션(application)이 별겁니까?
열 개를 알려 주면 스무 개를 해야 하는 세상.
이 책을 컵라면 덮개로 쓰는 것도 같은 원리!!

4. 방아쇠(시도하는 자세)

여러 사람들로부터 주목받고 인정받고 박수 받는 것을 싫어할 사람이 과연 있을까?

그게 누구인들 박수만 치고 있기보다는 박수를 받는 입장을 동경할 것이다.

하지만 주목받는 것에 익숙하지 않을수록 많은 사람들의 시선이 두렵고, 실패가 두렵고, 평가가 두려워 섣불리 손을 들지 못하는 것은 한두 사람의 문제만은 아닐 것이다.

이러한 심리 상태를 방아쇠와 같다고 표현한 것은 목표물과 대치했을 때, 그 순간이 지나게 되면 그 목표물을 다시 조준하기란 어려워지게 되므로, 그 순간 과감히 방아쇠를 당기듯

자신 있게 손을 들고 자신의 주관을 말하라는 메시지이다.

무슨 일이든 시작이 어려운 법이다.

시작하기까지의 망설임은 이내 한두 번만의 경험만으로 익숙해지는 경우가 많다.

그렇게 과감한 용기를 낼 줄 알고 방아쇠를 과감히 당기는 법을 알게 된다면 중장년이 되어 불가피한 발표나 연설에서 한숨 쉬며 불안하지 않게 되는 것이다.

양손 어느 쪽이나 검지손가락 하나를 펴 보자.

그리고 자신의 뒷목에 대고 벅~벅~ 문질러 보자.

그렇다!! 때가 나온다.

사람은 다 때가 있다.

지금은 방아쇠를 당겨야 할 때이다.

18세기 프랑스의 다재다능한 작가 볼테르는 "사람들은 할 말이 없으면 욕을 한다"라는 엄청난 명언을 남겼다.

사람들은 서로 간 말에 의해 설득을 해야 하고, 말에 의해 동의를 얻어야 하며, 말에 의해 행동을 유도할 수 있어야 하건만 이성과, 감정과, 경험과, 확신의 결핍으로 인해 급기야 욕을 하게 된다.

이에 '가/개/탄/방'이 의미하듯 자신의 말은 최적의 균형을 갖추고 있는지 늘 검토해야 한다.

할 말은 많지만 불안정한 감정상태일 수 있고, 안정적인 스피치 능력은 갖췄지만 청중의 수준을 간파하지 못하여 집중력이 분산될 수 있으며, 모든 가능성을 갖췄다 하더라도 과감하게 시도하지 못한다는 것은 결국 말을 잘한다고 할 수 없는 것이다.

하고 싶은 말
해야 하는 말
할 수 있는 말
말 말 말!!!

말 같은 말을 말처럼 해야 말이 되듯
말 한마디를 위한 '가/개/탄/방'의 밸런스를 유지할 수 있도록 언제나 자신을 살펴본다.

[9] 회의나 연설을 위한 3분 스피치 : 주정예현탕
(주제-정의-예화-현재의 언급)

강사 생활을 하며 자주 듣게 되는 이야기들이 있었으니,
"제가 평소 말주변이 없어서…"
"무슨 말을 하고 있는 건지 머릿속이 하~얗게 되어 버려서…"
"말을 하다 보면 꼭 삼천포로 빠지게 되어서…"

여기서 등장하는 삼천포?
왜 말을 하다가 주제를 벗어나거나 논지가 흐려지며 'Fact'의 진위 여부가 불분명할 때,
우리는 삼천포로 빠진다는 표현을 하게 되는 것일까?
옛날 아주 먼 옛날, 열차에 탑승한 승객이 잠들게 되어 목적지를 벗어나는 일이 많았던 것에서 유래되었다고 한다. 안내방식이 지금과 달랐을 것이므로 예상치 못한 목적지로 향한 승객들이 더 많았을 것이다. 당시 삼천포는 이러한 현상을 대표했을 뿐이라, 목적지를 벗어나는 말에 대해 삼천포로 빠졌다는 말들은 수정될 필요가 있다. 잘 가다가 샛길로 빠지다, 혹은 곁길로 새다 등의 표현으로 바꿔서 쓰는 것이 좋

겠다[2].

사진 1. 생선 뼈로 본 말의 노선 (주-정-예-현)

1. 주정예현탕의 효능

* 말을 하다가 해야 할 말을 갑자기 잃어버릴 때
* 발표 시간을 조율 할 수 있으며 발표 순발력이 필요할 때
* 청중에게 전하고자 하는 메시지를 더욱 강화시킬 때
* 근거, 증거, 논거 등 이해와 확신을 증진시킬 때
* 기타, 준비 없이 스피치를 해야 하는 모든 상황에

그 어떤 연설이나 회의 진행 상황이라면 우선적으로 자신이 본 주제를 논하기에 앞서 자신에 대한 간단한 인사와 동시에 청중들의 반응 및 경청의 자세를 살피는 것이 중요하다.

---

2   https://terms.naver.com/entry.naver?docId=3397575&cid=47303&categoryId=47303 참고

아무리 좋은 말인들 장황하고 산만한 환경이라면 이 무슨 의미가 있겠는가?

청중들의 반응을 살피라는 것은 한마디 한마디의 말이 그들로 하여금 공감을 얻어 낼 수 있어야 하기 때문이다. 그러므로 주제-정의-예화-현재의 순서로 이야기를 한다면 분명 안정적인 결과를 만들어 낼 수 있을 것이다.

ex) CS(Customer Satisfaction)에 대한 회의

1) 주제 단계

"자, 여러분. 우선 바쁜 일정 중 갑작스레 호출하였는데도 이 자리에 와 주셔서 감사합니다.

오늘의 주제는 CS에 대해 논하고자 합니다.

우선 여러분은 그동안 CS에 대해 어떻게 생각해 왔는지 묻고 싶군요.

우리 회사의 고객은 누구이고, 어떤 사람들이며, 그들을 왜 만족시켜야 하는 것일까요?

이번 시간을 통해 CS에 대한 새로운 대안을 제시하고자 이 자리에 섰습니다."

2) 정의 단계

"여러분이 생각하는 CS는 무엇인지 다시 한번 묻고 싶습니다.

단순히 고객만족을 위한 매뉴얼에 불과할까요? 아니면 고객에 대한 최소한의 도리일까요?

네, 다 맞습니다. 하지만 저는 이번 시간에 CS의 진짜 의미를 '일관된 진정성'이라고 말씀드리고 싶습니다.

또한 CS는 제2의 가족과도 같은 것이라고 정의해 보겠습니다."

3) 예화 단계

"만약 여러분이 어느 날 노트북을 새로 샀다고 가정하겠습니다.

그런데 막상 사용하려고 보니 이 노트북 뒷면에 아주 작은 나사 하나가 없는 것을 발견했다고 칩시다. 그래서 여러분이 즉시 고객 서비스센터로 전화 찬스를 썼다고 쳐 봅시다.

이때 두 명의 사원이 각각 전화를 받게 됩니다."

ex) 1. 1번 상담원

"네? 나사가 없다고요? 그럴 리가 있나요? 다시 한번 확인해 보시겠습니까?"

"어?? 이런 일이 없었는데 이거 어떡하죠? 혹시 제품에 충격을 주셨나요?"

하는 상담원과 달리,

ex) 2. 2번 상담원

"네? 나사가 없으시다고요? 우선 불편함을 끼쳐 드려 정말 죄송합니다."

"이런 일은 처음이지만 고객님께 불편함을 끼쳐 드려서 정말 송구합니다."

"고객님께서 현재 계신 곳의 주소를 말씀해 주시면 해당 부품을 빠르게 운송해 드리겠습니다. 불편함을 끼쳐 드려 다시 한번 죄송합니다."

하며 과오를 인정하고 대안을 제시해 주는 상담원에게 더 큰 감사함을 느끼지 않겠습니까?

같은 상황이었지만 올바른 판단이 고객도 잃지 않았고 충돌도 없었으며 자사의 기업 이미지를 손상시키지 않는 세 마리 치킨을 잡게 되는 것입니다."

4) 현재 단계

"이처럼 우리는 매번 같은 일을 하게 되고 같은 상황을 마주하게 되며 주어진 상황에 대해 나름대로의 훈련이 되어 있습니다. 하지만 그것은 우리들의 입장일 뿐 고객들의 입장에선 다른 각도로 보아야 할 것입니다.

늘 노트북을 사는 것은 아닐 것이고, 늘 고객서비스 센터에 전화하는 것은 더더욱 아닐 것이며 언제나 친절한 상담원만을 만나는 것이 아니기 때문입니다.

끝으로 여러분께 묻겠습니다.

여러분은 고객을 위한 준비가 되어 있습니까?

여러분에게 같은 상황이 생기면 여러분은 어떤 행동을 하겠습니까?

오늘 이 시간 진정 고객을 위한 준비, 기업을 위한 준비, 자신을 위한 준비들이 되어 있는지 돌아보아야 하겠습니다. 감사합니다."

사실 대부분의 사람들이 여러 사람들의 시선 앞에서 자유로이 말할 수 있는 것이 어찌 쉬울 수만 있겠는가? 하지만 누군가는 발언의 시작부터 끝까지 부자연스러운 모습으로 일관하는 반면, 누군가는 쉽게 적응하고 소통하며 오히려 이전에 볼 수 없던 자신만의 재능과 매력마저 발산하는 등의 차이점들을 접할 수 있게 된다.

2분….

이 2분이라는 시간은 발표 전, 입장하기 전, 시작하기 전 가장 긴장되는 시간일 것이다.

잘못되면 어떡하지? 망치거나 파행으로 치닫게 되면 어떡하지? 저들이 나를 모자라게 보면 어떡하지? 저들의 얼굴을 어떻게 봐야 하지? 등 별별 걱정과 고민의 클라이맥스가 되는 시간이 입장 전 2분이다.

하지만 이후의 2분으로 적응하는 사람들이 있다.

발표시작 2분 내에 청중들과 크고 작으며 화기애애한 분위기를 쉽게 만들어 가며 발표자에 대한 적대감은 찾아볼 수 없는 흥미진진한 시간으로 만들어 간다. (ice breaking)

발표가 끝난 이후의 2분은 발표자가 자신을 돌이켜 생각하게 되며 자신의 발언에 대해 다시금 스스로 self feedback을 하게 된다.

이렇듯 시작 전 2분!! 시작 후 2분!! 끝나고 2분!!을 간파할 수 있어야 하는 것이 주정예현탕의 기본 틀이라 할 수 있겠다.

지금 자신의 발언이 생선의 대가리(동물의 머리)에 머물러 있는지, 혹은 꼬리에 위치하고 있는지, 혹은 수많은 가시 중 하나를 전하고 있는 것인지에 대해 스피치의 동선을 파악해야 한다. 자신의 노선을 인지할 수 있다는 것은 내용 조절, 시간 조절, 반응 조절, 감정 조절 등 여러 가지 기대 효과를 누릴 수 있다.

그렇게 된다면 더 이상 당신의 스피치는 삼천포로 빠지지 않을 것이다.

[10] 모든 스피치에 적용 : 이에콘마탕
(이미지, 에너지, 콘텐츠, 마인드)

사람들 앞에서 발표를 하고 있는 당신은 지금…
보이게 말하고 있는가?
들리게 말하고 있는가?
충분한 근거를 제시하는가?
안정적인 마음으로 말하고 있는가?

위의 네 가지 사항에 모두 '그렇다!'라고 말할 수 있는 분은 이번 장 '이에콘마탕'을 과감히 넘어가셔도 무방하겠다. 하지만 만일 위의 사항 중 한 가지라도 해당된다면 지금부터의 내용들을 누룽지 긁듯이 박박 숙지하는 자세가 아주 바람직하겠다.

1. 이에콘마탕의 효능

발표자가 갖춰야 할 기본적 요소 4가지를 강화하는 효력이 강하다.
동급 발표자들에 비해 더 나은 경쟁력, 더 앞선 전문성을 기대할 수 있다.
청중들로 하여금 공감대를 얻어 내기에 충분하며 인위적이지 않은 자발적인 박수를 유도해 낼 수 있다. 이에콘마탕으로 당신은 사실상 최상의 스피커가 될 수 있다.

ex) 1. 작은 목소리

10여 년 전 본원 수강생이었던 한 한의사분의 사례이다.

이분은 여러 학회 활동으로 활발한 모습이었고 해당 분야의 전문성과 명성 또한 인정받는 훌륭한 한의사였음이 분명했다. 하지만 이 한의사의 1차적 핸디캡은 목소리가 작았다는 것이었다. 작아도 너무 작은 정도였으며 듣는 이들로 하여금 잠시만 딴 생각을 해도 집중의 끈이 끊어질 정도였으니 학회 사람들이나 학생들이나 한의원 내부의 동료, 환자들과의 소통은 불 보듯 뻔한 모습이었다. 물론 자신의 그러한 문제점을 개선해 보고자 본원을 방문했던 것이었다.

위의 경우는 이에콘마에서 '에(에너지)'의 결핍에 해당된다.

반듯한 이미지로 청중들의 호감은 이끌 수 있었고, 수많은 전문지식을 근거와 논거로 제시할 수 있는 콘텐츠도 상당하며 청중을 상대로 두려움을 느끼지 않는 자부심은 매우 양호하다고 볼 수 있겠으나 너무도 작은 목소리가 이 모두를 의미 없게 만들어 버린 것이다.

목소리가 상대적으로 작은 이유는 여러 측면으로 볼 수 있다.

선천적으로 발성기관이 발달하지 못했거나, 호흡량이 부족하거나, 아니면 대중성에 대한 인지 결핍이 발성을 약하게 했는지도 모른다. 분명한 것은 작은 목소리로 청중들의 이목을 집중시키기란 결코 쉽지 않을 것이다. 개인적 주관으로는 지나치게 크고 들떠 있는 목소리도 주변을 산만하게 하며 역효과를 불러일으킬 수 있다고 생각한다.

그러므로 스피치의 발성은 최적화된 소리가 필요하다.

자신의 Tone, Volume, Breath 등을 조율할 수 있는 훈련이 절대적으로 필요하다.

ex) 2. 큰 목소리

또 다른 사례로는 위의 경우와 반대되는 경우라 할 수 있다.

우선 목소리는 매우? 매~우 큰 편이었던 회원이 사례이다.

아파트를 관리하는 관리소장님이신 그 회원님은 흔히 말하는 의욕이 하늘을 찌를 듯한 우렁찬 발성과 퍼포먼스 능력을 갖추고 있는 분이었다. 문제는 의욕은 앞서지만 콘텐츠가 너~무 부족했다는 것이다. 심지어 발언 중 3~5초간 아무런 말도 없이 말이 중단되는 현상도 빈번했다. 이것은 우선 객관적이지 못한 사고에서 비롯됨을 예상할 수 있겠지만 필요 이상의 의욕이 만들어 낸 현상이라고도 해석해 볼 수 있다.

흔히 남자들의 세계에서 주먹다짐이 일어날 때, 법적 불이익이 발생되면 아니 되므로 멱살을 잡거나 가벼운 몸싸움 정도의 공방전을 펼치게 된다. 이때 많은 남자들의 모습을 보면 자꾸 웃으며 어이없다는 표정을 애써 연출하게 된다. 만약 이 회원님이 의욕과 더불어 다양한 근거와 공감으로 접근하며 흥미를 자극하는 요령을 일부만이라도 터득한 회원이었다면 이전보다 덜 고생했을 가능성이 높아진다. 그러므로 말이란 것은 총과 같아서, 쏘는 목적도 중요하지만 명중시킬 수 있는 그 밖의 요소들이 늘 함께해야 한다.

2. 이에콘마 초간단 훈련법!

1) 이미지
(열십자 시선, 자세, 표정, 복장, 제스처, 위치, 눈썹, 기타)

(1) 열십자 시선
발표 중 누구와도 시선이 마주한다면 양쪽 귀는 상대방의 귀와 서로 일치하는지?

이마 선부터 턱선까지 상대방과 일치하는지, 노려보거나 흘겨보는 표정이 되어 버린 것은 아닌지 확인한다. 이때 상대방과의 시선이 일치될 때마다 3초씩 머물러 있는 것이 서로 불편하지 않게 된다. 하지만 아래 사진은 뭔가 불편하게 하고 있다. 뭔가… 범죄형에 가깝다.

필자는 미술에 소질이 없는 것이 분명해 보인다.

(2) 자세
발표자가 서 있거나 앉은 자세라 할지라도 공통적인 부분이 있다.

머리는 백회혈(정수리 부근)을 기준으로 마치 누군가가 끌어당기는 듯이 꼿꼿하게 중심을 유지하며 양쪽 어깨는 움츠리지 않으며 오히려 무언가를 올려놓은 듯한 반듯한 어깨선을 유지한다. 양손의 위치는 필요 이상으로 제스처를 남발하는 것도 주위를 산만하게 할 수 있으며 발표자가 위기에 직면했다는 것을 간접적으로 어필하게 되는 것이므로 주의한다.

허리의 각도는 발표 상대가 누구냐에 따라 일부 굽혀 주고 낮춰 주는(노인, 어린이 등) 자세가 바람직하며 팔짱을 끼거나 다리를 꼬는 듯한 모습은 청중들로 하여금 소통을 방해하는 대표적인 자세임을 강조하겠다.

(3) 표정

옛말에 '웃는 얼굴에 침 뱉으랴'라는 말처럼 좋은 얼굴과 좋은 표정은 그것만으로도 상당한 무기가 된다. 최근 여러 기업들의 고객 서비스 프로그램은 시간이 갈수록 발전하게 되며 그 가치가 매우 높다는 점을 입증하고 있다.

밝은 표정을 만들어 가는 대표적 방법들을 아래에 기술하였다. 가능한 한 근육이 아픔을 느낄 때까지 반복하며 자신만의 표정을 위한 근육을 만들어 보자.

묘향산 ×10
싹아지 ×10
뒷다리 ×10

이밖에도 가위바위보 ×10, 와이키키 ×10, 치질약 ×10 등의 단어들을 집중적으로 소리 내어 훈련한다. 특히 제시된 단어들은 구강 확장이 불가피한 단어들이므로 빠르게 훈련하기보단 천천히 지속적으로 소리를 내는 것이 중요하다. 입꼬리 근육이 뻐근할 정도로 자주 훈련한다면 입술의 좌우 밸런스가 갖춰진 최적의 표정을 쉽게 연출할 수 있게 된다.

(4) 복장

스피치와 스피커의 복장은 어떠한 상관관계를 형성하고 있는가?

주관적 결론은 결코 절대적이지 않다고 주장한다. 고가의 정장을 입었음에도 불구하고 형편없고 지루하며 무미건조한 스피치를 구사하는 사람이 있는가 하면은 트레이닝 복(일명 추리닝)만 입고도 청중들의 진심 어린 박수를 받아 내는 연사가 있기 마련이다. 필자 역시 베스트 드레서와는 상당한 거리감을 느끼는 사람임에 틀림없다.

하지만 연사의 복장은 우선 신뢰감 형성에 상당 부분 영향을 미치게 된다. 무난한 색상의 정장과 색상 대비, 채도, 명도 대비를 적용한 연사의 복장은 청중들을 상대로 발휘되는 기본적 도리인 것이다. 그뿐이다.

하지만 굳이 기준이 있다면 무례함을 의심받을 수 있는 복장과 장신구 등에 대해서 경계를 해야 한다. 슬리퍼를 신고 있거나, 정장 버튼을 모두 채우고 있거나, 모두 풀고 있거나(원 버튼 하나만 채우는 것이 좋겠다), 와이셔츠가 벨트 밖으로 나와 있거나, 양말 색상이 3원색이라거나, 치마 정장인 경우 너무 짧게 입는다거나, 필요 이상의 장신구를 착용했거나, 구겨진 셔츠나 재킷을 입고 있다거나, 넥타이의 위치가 비뚤어진 경우나 느슨하다 못해 반쯤 풀어져 있거나 하는 경우들을 손꼽을 수 있겠다. 신발과 구두는 오물, 이물질이 묻어 있지 않은 상태인지 확인해야 하며 힐의 높이는 지나치게 높지 않은지에 대해 주의하도록 한다. 물론 10분, 20분 발표라면 감수할 수 있겠지만 1시간 이상 발표를 하는 경우 하반신으로부터 적잖은 민원 신청이 들어올 것이다.

이처럼 복장은 청중에게 주어진 시간 동안 기대치를 좌우하는 역할을 하게 된다.

정장, 세미정장, 캐주얼, 기타 편안한 복장 등 발표 장소, 시간, 환경, 목적 등에 위반되지 않으면 되는 것이다. 면접 또한 마찬가지이다.

(5) 제스처(gesture)

일반적으로 제스처라 함은 손짓, 몸짓을 연상하게 된다. 하지만 제스처는 매우 함축적인 의미를 가지고 있다. 전하고자 하는 말의 방향이나 확신, 주장을 뒷받침하는 것은 물론, 발표자의 내재된 무의식을 표출하는 것과 동시에 추상적 관점의 전반을 설득이라는 목적을 위하여 간격과 운율을 연출하며 강조하고 동의를 얻는 등 입으로 전하는 말의 한계를 보충해 주는 언어 그 이외의 모든 언어라고 새로 정의해 보겠다.

하지만 연설, 설교, 기타 등등 사람을 상대하는 사람으로서 메시지를 전할 때 사용되는 몸짓이나 손짓을 현재 통용하고 있음을 우선해 본다.

① 격파 제스처

가장 흔하게 사용되고 즉시 사용이 가능하며 말의 속도나 간격, 강조를 위한 제스처로 활용할 수 있다. 경우에 따라 한 손뿐만 아니라 양손 모두를 활용하는 방법도 효율적인 방법이 될 수 있다.

② **방향 제스처**

A. 자신, B. 상대방(개인), C. 모두, D. 안내의 4형태로 구분해 볼 수 있다.

* A. 자신

자신을 표현하는 제스처는 오른손이나 왼손을 곧게 펴서 자신의 명치부위 정도에 가져다 대는 모습이 대표적이다. 또한 자신을 가리킬 때 스스로를 검지손가락으로 가리킬 수도 있으며 손바닥이 하늘을 바라보게 펴서 손날을 가슴에 대는 방법도 있겠다. 이러한 제스처 모두가 자신을 일컫는 제스처로 활용할 수 있다. 매우 기본적이며 간단하므로 지금 즉시 한 번만이라도 실습을 해 보길 바란다.

* B. 상대방(개인)

상대방(개인)을 가리키는 제스처로 손바닥이 하늘을 바라보게 하고 정중히 펼쳐 본다. 이때 상대방이 누구든 정중해야 한다. 특히 손가락으로 상대방을 가리키게 되면 그 자체만으로도 매우 불쾌함을 줄 수 있겠다. 다시금 강조하지만 절대 손가락으로 상대방을 가리키지 않아야 한다. 싸움의 불씨가 될 수 있다.

* C. 모두

모두에게 전하는 기본적인 제스처이다.

한 손, 양손 모두를 이용해도 무방하며, 정지된 모습이 아니라 양손을 펼쳐 내는 동작 또한 제스처로 포함될 수 있다. 작은 폭, 넓은 폭에 준하지 않으며 발표 내용에 따라 연사의 감정 상태에 따라 그 넓이와 폭이 달라질 수 있다. 우리나라에서는 '모르겠다'라는 표현을 고개를 좌우로 돌리거나 양손을 동시에 Bye Bye~ 하듯 흔들게 되지만 서양인들의 제스처 중 '모르겠다' 제스처는 우리가 사용하는 제스처에 어깨를 들썩이며 눈썹마저 치켜올리는 모습이 더하게 된다. 그러고 보면 우리 민족의 제스처는 상당히 제한적으로 살아왔음을 알 수 있다.

*D. 안내

누군가에게 안내할 때 적합한 제스처들을 소개해 본다.

특히 프레젠테이션 상황에 더욱 활용도가 높다.

양손 중 어느 손이든 손바닥이 하늘을 가리키게 하는 것이 공통적인 모습이다. 이때 명치 라인을 기준으로 손의 높이를 설정하며 보여 주고 싶거나 알리고 싶은 내용으로 청중들의 시선을 끌어 가는 방법이다. 제스처를 꼭 사용해야 하는가?라는 의구심이 들 수 있겠으나 마치 기타를 처음 배울 때 느낀 것처럼 부분과 부분이 연결되며, 보다 자연스러운 모습으로 나타나게 된다. 지금 당장은 내 것이 아니란 생각이 들 수 있겠으나 꾸준히 활용하다 보면 어느덧 자신의 신체 일부와도 같은 느낌으로 자리 잡게 될 것이다. 훗날 말이란 입으로만 하는 것이 아니었구나 하는 느낌마저 들게 될 것이다.

이 밖에 이곳을 가리키는 제스처, 저 멀리 장소에 대한 제스처, 방향을 제시하는 제스처와 발표자의 시청각 자료를 안내할 수 있는 제각각의 형태로 진화하게 되므로 자신의 몸동작과 위치에 대한 주의도 간과하지 않아야 하겠다.

이와 같이 제스처는 흔한 몸짓에 국한된 것이 아니라 발표자의 감정 상태나 발표 과정에 발생되는 무의식적 습관과 의지에 의해 표현되는 제3의 언어와도 같은 것이다. 몸짓, 손짓과 더불어 발표자가 보여 주는 그 밖의 퍼포먼스와 위치 설정 등 이 모든 것이 제스처라고 할 수 있다.

(6) 위치(location)

어린 시절 학교에서 시험 보던 기억들을 떠올려 보자. 모두가 그러하진 않았겠지만 상당수 학생들이 커닝(cunning)에 대한 제각각의 추억?들을 가지고 있을 것이다.

여러분이 지금 시험을 치른다고 가정해 보자. 문제를 풀어야 하는 것도 신경 쓰이는 일이겠지만 커닝을 계획 중인 학생이라면 선생님의 위치 또한 필수적으로 파악해야 할 것이다.

위치란 그런 것이다.

특히 발표자의 위치는 청중들의 집중력 유지에 매우 필수적일 수 있다.

발표자로부터 질문을 받거나 여러 관심을 받고 있는 청중 중 한 사람은 주어진 시간에 그 누구보다도 집중하고 있을 것이다. 이때 집중을 하고 싶어서 집중하는 것이 아니라, 집중을 할 수밖에 없으므로 집중하고 있다는 점에 주목해야 한다.

여러분이 한 강의실에서 교수님의 강의를 듣는 중, 갑자기 피곤함과 나른함이 몰려온다고 가정해 보자. 강의 중인 교수님의 위치가 어디냐에 따라 당신은 몰래 눈을 감고 취침 소등에 들어갈 수도 있으며, 절대 졸지 않기 위한 특단의 조치를 시작할 것이다.

이처럼 발표자의 위치가 매우 중요하다. 이러한 위치적 영향성을 인지하고 있는 연사는 위치를 적절히 활용하여 더욱 효율적인 발표 환경을 만들어 내기도 한다.

 사실, 이 정도는 해낼 수 있는 사람들이야말로 스피치계의 진정한 고수가 아닌가 한다.

(7) 눈썹

 여러분의 눈썹은 자유로운가?

 여러분의 눈썹이 잘생겼냐, 못생겼냐를 논하는 것이 아니라, 자유로움을 질문한 저의가 무엇일까? 그렇다. 우리 얼굴에 있는 눈썹은 그 움직임만으로도 말하는 사람의 심리 상태가 고스라니 나타나기 때문이다. 상대방을 설득할 때도, 자신의 주장을 확신할 때도, 뭔가 고민을 하거나 잘 풀리지 않을 때도 눈썹의 움직임은 당신의 심리를 대변해주고 있다. 이때 눈썹을 올리고 머무르는 시간이 매우 매우 매~우 중요하다.

 너무 빠르게 오르내리는 눈썹은 그 자체가 코미디이기 때문이다.

 설득을 바탕으로 한 진정성의 얼굴에서 바로 장난이 되어 버릴 수 있기 때문에 1초라는 시간을 머무르는 것이 핵심이다.

 모든 말에는 핵심이 있고 그 핵심어에선 눈썹을 올리며 말할 때 그 설득력이 증가한다.

 ex) "흡연은 질병입니다. 치료는 금연입니다."

 이 카피의 핵심은 두 곳에 있다.

 질병과 금연, 두 곳이라 정의할 수 있다.

 말이 우선인가? 표정이 우선인가?

대부분의 사람들은 말이 우선이라 할 수 있지만, 정말 자유로운 말을 위해선 자유로운 표정부터 만들 수 있어야 한다고 생각한다. 그 표정의 절반은 눈썹이 좌우하고 있다.

그래서 당신의 눈썹이 자유로운지 물어본 것이었다.

2) 에너지

자주 언급되었듯, 한 사람의 이미지를 평가할 때 보이는 시각적 요소가 55%라면 청각적 요소는 38%에 의해 결정되며 언어적 요소는 7%이다.

UCLA 심리학과 명예교수인 앨버트 메라비언(Albert Mehrabian)의 주장이다.

그동안… 어쩌면 우리들은 사람을 상대하는 방법들이 매우 잘못되었을지 모른다.

바른 언어를 위하여 겉으로 보이는 것에 많은 비중을 두어 왔다면 이번 시간엔 들리는 것에 대해 연구해 본다.

목소리는 누구나 가지고 있는 악기와도 같은 것이다. 악기를 연주하기 위해서는 최적화된 튜닝(tuning)이 중요한 것처럼 우리의 음성도 악기처럼 활용할 수 있다.

목소리란 참 희한한 도구이다. 고향 시골 마을에서 밭을 가꾸는 우리네 모든 어머니들의 음성은 어머니라는 그것만으로도 충분히 정겹다.

목소리란 서로를 연결하는 보이지 않는 끈과 같은 파장으로, 서로 얽혀 있으며 장소, 환경, 시간, 대상자에 따라 자유롭게 구사할 수 있다면 지금 이 시대에 상당한 전략 무기가 될 수 있을 것이다.

지금 당장 내 목소리부터 녹음하여 들어 보고 평가하는 시간을 가져 보면 어떨까?

우리의 신생아 시절, 언어에 대해 알지 못했음에도 불구하고 엄마의 부드럽고 진정 어린 음성으로 하여금 마음을 열어 갈 수 있었듯이 그들에게도 그러한 따뜻한 음성을 전하기 위한 노력을 아끼지 말아야 하겠다.

목소리 관련 여러 전문 서적에서 정확한 발음과 호흡의 중요성은 너무도 많이 다루고 있으므로 필자는 다소 다른 방향으로 접근해 보려 한다.
물론 정확한 발음을 위하여 일부 근육의 신축성이 필요하고 각각의 조음기관의 감각을 깨우치며 새로운 목소리를 만들어 가는 것도 중요하다.

하지만 필자는 더욱 광범위한 상위적 접근을 해 보려 한다.
이상적이고 안정적이며 듣기 좋은 음성을 갖고자 하는 것은 모두가 같은 생각이지만 언제 어디서나(always) 자유로운 음성을 더욱 추구하기 때문이다.

(1) 환경
비교적 조용한 환경(도서관, 소규모 작업실, 1:1 상담실, 연구실 등)에선 당연히 나지막한 음성과 빠르지 않은 말로 소통을 하게 된다.
또한 시끄러운 환경(광장, 토론, 교육장 등)에선 그만큼의 에너지를 발휘할 수 있어야 한다.

구두를 신고 모래사장을 걷는 것이 편할 수 없듯, 등산화를 신고 실내를 걷는 것처럼 목소리도 적재적소의 환경적 밸런스가 매우 중요하다.

서비스 업계의 사원은 보다 웃는 얼굴과 더불어 어미 처리를 올리는 가성의 소리를 낼 필요가 있겠으며, 취업, 심리, 고민 상담 등 상담업을 하는 분은 그에 걸맞은 낮은 음성과 진성을 낼 수 있어야 이상적이라 하겠다.

목소리 연기자(성우)들의 더빙 모습을 살펴보면 재미있는 부분이 나타난다. 바로 손짓, 발짓, 표정까지도 마구 변해 가며 해당 캐릭터의 생명력을 불어 넣고 있다.

캐릭터의 환경에 맞춰 연기를 해야 하니 어찌 정지된 얼굴과 몸짓으로 말할 수 있겠는가?

(2) 심리

불안정한 상태에서 나타나는 생물학적 반응으로는 동공이 흔들리고, 안색이 변하기도 하며, 호흡이 일정할 수 없는 단계에 이른다.

이 중 보이스에 직접적인 영향을 주는 것은 바로 '호흡'이라 하겠다.

목소리를 멋지고 예쁘게 바꿀 수 있었다고 가정해 본다.

하지만 심리마저 바꿀 수 없었다면, 여전히 불안한 음성을 가지고 있을 가능성은 높아진다.

그러므로 그 어떤 공포의 순간을 직면했다 하더라도 빠짐없이 해야 하는 것이 바로 심호흡이다.

호흡은 들숨과 날숨으로 나뉘지게 되고 심리적 불안감을 분산시키거나 해소하지 못하게 되는 경우에 흔히 말하는 울먹이는 소리를 내게 되는 것이다.

 그러므로 목소리만 바꾼다는 것은 어쩌면 연극, 성대모사에 가까울 수 있겠지만, 세상을 다 끌어안을 듯한 관대한 마음으로 상대방을 받아들일 수 있다면 더욱 한결같고 진심 어린 따뜻한 목소리를 가질 수 있는 것이다.

 겁에 질린 강아지가 시끄럽게 짖어 대듯이 두려움이 없는 자는 조용한 음성으로도 사람들의 문을 열어 간다.

(3) 표정
 우리가 가진 목소리는 어디서부터 시작되는 것일까?
 단순히 폐로부터 공급받은 공기를 기관지라는 터널을 통해 성대라는 악기와 혀라는 손놀림으로 입을 거쳐 완성되는 소리라 할 수 있겠는가?
 아니면 몸에서 지원받은 에너지를 개인적 인성과 마음가짐으로 인해 마치 스펙트럼처럼 분류된 연출적 선택 사항인가.

 어떠한 모습일지라도 듣기 좋은 음성을 위해선 듣는 이들과의 교감은 우선적이다.
 지금 즉시 거울 앞으로 가 보자.
 자신의 이목구비를 살펴보며 거울 속에 비친 자신의 보이스를 예측해 보자.
 기계가 아닌 사람이라면 그날그날의 바이오리듬이 다를 것이고 기분이 다를 것이며 에너지도 달라질 것이다.
 그에 의해 목소리도 볼륨, 톤, 음색마저 조금씩 변해 가기 마련이다.

다시 한번 거울을 보자.

웃는 얼굴로 말해 보고, 찡그린 얼굴로 말해 보고, 무표정으로도 말을 해 보자.

목소리도 색깔이 있다는 것을 알 수 있으며 그 색깔은 표정에서 비롯됨을 알 수 있다.

영화를 보면 같은 배우지만 다른 목소리의 성우로 더빙된 경우를 볼 수 있다.

니콜라스 케이지의 〈콘 에어〉와 〈더 록〉의 경우가 그렇다.

주인공의 연기와 표정 캐릭터에 의해 다른 목소리가 적절했기 때문이다.

목소리를 어떻게 만들 것인가?를 고민하기 이전에 자신의 표정은 어떠한가?에 초점을 두는 것도 좋은 전략이다.

3) 콘텐츠

찐빵 속엔 단팥이 있어야 하고, 김밥 속엔 햄, 소시지가 있어야 하듯이 우리의 스피치도 핵심 내용이 반드시 있어야 한다.

연사가 청중에게 전하고 싶은, 전해야 하는, 전할 수 있는 모든 내용들을 콘텐츠라고 분류한다.

이때 연사는 청중들의 입장을 반드시 헤아리고 스피치를 시작해야 한다.

청중들의 입장이란, 그들의 환경, 세대, 인원, 목적 등을 충분히 이해하고 시작해야 한다는 것이다. 청중들은 누구나 자신이 희망하는 내용인 이상 집중을 요구하지 않아도 집중에 집중을 거듭하는 모습을 보이게 된다.

만일 도입은 좋았지만 연사가 말의 노선을 잃게 되어 중심이 흐트러진 상태가 지속된다면 청중들은 서서히 집중의 끈을 놓게 되고 반감을 보일 수도 있겠으며 정적 환경에서 동적 환경으로 변질되는 모습도 대비해야 한다.

우리가 어린 시절 교장 선생님의 연설을 매주 두 차례 이상 들어 왔지만 교장 선생님의 연설을 손꼽아 기다려 본 적은 없었다.
그 이유는 우리들이 원하는 이야기를 거의 해 주시지 않았기 때문이다.
그것도 부동자세로 듣고 있어야 했으니 양측 모두가 불편함을 겨루는 시간과도 같았다.
프레젠테이션을 앞둔 직장인, 강의를 해야 하는 교사나 강사, 기타 회의 진행자들의 공통적인 고충 중의 하나가 '무엇을 말할 것인가?'에 대한 고민일 것이다.
무엇을 말할 것인가의 고민은 그들이 원하는 콘텐츠를 적중하지 못하면 어찌하나? 하는 마음에서 비롯되는 심리적 현상이라 하겠다.
어떻게 말을 해야 하는지에 대해선 사실상 모르는 사람이 있을까?
자신 있게 말하라, 재미있게 말하라, 알차고 유익한 내용을 말하라. 저 연단, 강단, 무대 위에 올라가 무엇을 해야 하는지 우린 알고 있다.

4) 실전 발화
이젠 무엇을 말할 것인가? 이 점을 고민하자.

예전에 '아브라 카다브라(avrah kadavra)'란 말이 유행한 적이 있었다.

말하는 대로 이루어진다는 부적과도 같은 말이었으며 대중가요로 등장하기도 했다.

아주 훌륭한 뜻이고 정말 좋은 말이다.

그래서인가 당시 강사들은 너도나도 강의의 시작을 아브라 카다브라~로 시작하는 모습들을 볼 수 있었다. 문제는 다음 교육, 다음 강사, 그다음 강사도 아브라 카다브라~를 하는 것이다. 이쯤 되면 두 가지를 고민하게 된다.

첫째는 식상함을 느끼고 있을 청중의 입장, 둘째는 강사로서의 콘텐츠 경쟁력 약화.

모 방송에서 개구리 뒷다리~라고 하면 예뻐진다고 한 이후 많은 강사들이 대상자들에게 개구리 뒷다리~를 시키는 모습을 보았다.

그런데? 그래서 무엇이 잘못되었다는 것인가?

그렇다. 잘못된 것은 없다.

하지만 청중들의 참여도, 적극성, 참신성 등에 대해선 짧은 한계를 보일 수밖에 없게 된다.

이미 해 봤던 것, 예상했던 것, 추측해 본 그것을 강사가 고스란히 하고 있기 때문이다.

그러므로 연사, 강사, 교사, 사회자 등 말하는 이들 모두는 다음과 같은 전략을 필수로 갖춰야 한다.

* 도입 과정에 구분된 참신성을 위해 철저한 준비
* 현시대적으로 진부함이 없는 흥미로운 주제들 준비
* 청중들의 자발적 참여를 위한 점증적인 콘텐츠 제공

현시대는 포털사이트라는 것이 등장하게 되며 그가 유치원생이든 70넘은 어르신이든 궁금한 게 있으면 검색창을 통해 얼마든지 지식 습득이 가능한 시대가 되었다.

재미있는 현상은 게을렀던 사람은 지금도 게으르다는 것이다. 손가락 몇 번 움직여서 궁금한 것을 찾아내면 되는 작업인데 그것마저 미뤄 버리기 때문이다.

예를 들어 스피치 학원에 전화하여 '발음 연습용 혹은 훈련용 문장들을 달라'고 하는 경우다.

사실 검색창에 발음 훈련용 단어, 문장만 쳐도 그 수를 헤아릴 수 없이 많은 양의 콘텐츠들이 나타나게 된다. 이와 같이 자신이 마음만 먹으면 콘텐츠만큼은 얼마든지 획득할 수 있는 시대가 바로 지금의 시대이다.

하지만 그렇기 때문에 더욱 안주하지 않아야 하는 것이다.

내가 알고 있는 것은 이미 그들도 알고 있을 가능성이 매우 높기 때문이다.

예를 들어 오늘 아침 유명 연예인의 충격적인 사건을 접한 후 그 짧은 시간동안 많은 사람들의 가십이 되고 입방아에 오르는 것처럼….

다시 강조하지만 내가 알고 있는 것은 그들도 안다.

그러므로 그들이 다녀가지 않은 공간을 먼저 걸어가야 하는 것이고,

그렇게 만들어 간 발자국이 훗날 길이 될 수 있도록 선구적인 주제와 전략이 더욱 요구된다.

ex) 전기, 가스, 교통

위의 세 가지는 어떤 공통점이 있는가?

전기를 통해 전력, 통신, 열, 빛을 만들 수 있고 가스를 통해 조리, 난방 등 여러 연료로 사용된다. 교통 또한 시간이 갈수록 그 소요시간을 더욱 단축하며 기록을 갱신하고 있다.

하지만 위의 세 가지는 '위험하다'라는 공통 분모가 있다.
편리할수록 위험하다는 결론이다.
언어도 마찬가지이다. 수많은 콘텐츠를 수집할 수 있는 시대란 것은 그만큼의 리스크(Risk)가 따르게 된다.

프레젠테이션을 앞두고 있다면, 혹은 사업 설명을 해야 한다면 성실하게 준비하자.

* 근거, 논거, 경험적 사례를 충분히 전할 수 있는가?
* 청중의 1차적이고도 반사적인 반응을 예측할 수 있는가?
* 청중을 이해와 설득으로 이끌 것인가? Ice breaking으로 공감할 것인가?

끝으로 스피치에서 말하는 콘텐츠는 반드시 전문적일 필요가 없다는 것이 필자의 주장이다.

소학교밖에 다녀 본 적 없는 노인이 우리를 울리고 웃길 수 있으며,

박사 출신의 전문가가 30분 이상 청중의 하품만 이끌었다면 이 또한 좋은 스피치가 아니다.

스피치는 결코 따분해선 아니 되며 흥미를 유발할 수 없다면 그것은 청중들에게 죄를 짓고 있는 것과 같은 것이다.

5) 마인드

이/에/콘/마의 마지막 단계인 마인드.

스피치를 필두로 사람을 상대해야 하는 모든 분들의 마음가짐을 일컬을 수 있겠다.

그 시간이 비록 짧다 할지라도 강하고 집중되며 확신을 바탕으로 한 마음가짐이 결국 생각했던 전 과정을 현실로 만들어 낼 수 있기 때문이다.

스피치를 한 번도 해 본 적이 없다 한들?
혹은 재미있게 말하는 방법을 모른들?
평소 사시나무 떨듯 남다른 긴장감이 있다 한들?

그 모든 것은 지나간 과거일 뿐이다.
중요한 건 현실, 바로 여기!! 바로 이 시간!! 바로 앞에 있는 그들인 것이다.
그들을 상대로 자신이 알고 있는 이야기 몇 마디 해 주는 것이 뭐 그리 어려운 일일까?
정신적 지주로부터 동기부여를 받을 수 있다 하더라도 언제까지일 수는 없다.

우리의 걸음마를 이끌어 주시던 부모님이 어느 순간 우리의 손을 놓고 스스로 걷게 한 것처럼 자신이 스스로 연단 앞으로 무대 앞으로 마이크를 향해 과감히 걸어가야 할 때이다.

저예산 영화였지만 이른바 대박 난 영화 〈록키〉의 이야기를 해 본다. 퇴역한 복서 미키(트레이너)가 록키를 챔피언으로 만들어 가는 과정이 흥미롭다.

대부분의 트레이너는 근력, 스피드, 지구력 강화에 비중을 두는 반면, 미키는 록키에게 고통으로부터 자유로울 수 있도록 훈련시키는 모습이 독특했다.

영화 내에서도 링에 오르는 록키가 계속해서 "NO pain NO gain!!"을 외치며 입장한다.

마치 우리가 살아가며 겪게 되는 모든 순간들이 링 위에 올라가는 것처럼 Overlap된다.

다음 달에 있는 결혼식 사회, 다음 주에 있는 프레젠테이션, 곧 있을 시상식, 예전에 망쳤던 사례가 있어서 더욱 괴로운 발표 수업 등 매 순간이 링에 올라야 하는 것과 같으며 링에서 안전하게 내려왔다 할지라도 또 다른 Fight를 준비해야 하는 것이다.

중요한 발표를 앞두고 있다 할지라도 크게 걱정할 필요가 없. 그 시간에 맞이하게 될 많은 청중들은 당신이 실패하기를 바라거나 잘못되기를 바라지 않기 때문이다. 오히려 당신의 성공적인 스피치를 위해 응원하는 마음가짐이 더 높다 하겠다. 문제는 자신이 스스로 만들어 낸 공포 때문에 여러 시나리오를 만들게 되고 그러한 시나리오는 실제로 현실이 되어 버릴 가능성이 있다.

누구나 시작 전이 가장 긴장되고 힘든 것이 사실이다.

하지만 스피치가 끝난 직후엔 엄청난 안도감이 밀려오게 되며 후회도 하게 되고 반성도 하게 된다. 하지만 기억해야 할 것은 발표자가 잘못될 것이라는 생각이 강하게 되면 정말 실패할 가능성이 높아지게 되며 발표자는 자괴감마저 들게 된다. 이때의 심리상태는 미래에도 작용되게 되므로 현실을 냉정히 돌아보아야 한다.

발표가 성공적이었다면 '다행이네'로 끝나선 안 된다는 것이다.

성공적인 발표가 될 수 있었던 조건과 환경을 되짚어 볼 수 있어야 이후에도 일관된 모습의 스피치 효과가 유지될 수 있기 때문이다.

성공도 실패도 결국 자신의 마음에서 출발한다.

[11] 면접 답변을 위한 4대 노선탕
(받아 주기-결론짓기-예를 들기-미래로)

    혹시 면접을 앞두고 계신 분이라면 주목해야 할 페이지가 이번 페이지다.

    면접관들이 무엇을 물을지 알 수 없는 상황에 면접을 준비한다는 것은 마치 손바닥으로 하늘을 가릴 수 없는 형국과 같다. 하지만 태양의 위치가 어디 있는지 일찍이 파악할 수 있다면 얘기가 달라진다. 같은 하늘이라도 눈부신 하늘이 있고 편안한 하늘이 있게 된다.

    이처럼 면접을 준비하며 Yes or NO의 답변만을 추구할 것인가?

    아니면 안정된 마음으로 논리정연하게 답변하여 인정받는 일꾼이 될 것인가.

선택해야 한다. 여기 초간단 면접 답변 요령이 준비되어 있다. 4대노선법이 그것이며 사실상 모든 면접질문에 맞설 수 있는 비결이기도 하다.
〈면접의 공식 Q=A+@〉 발췌

뇌와 심장만 있다면 누구나 할 수 있다.
1프로 신 원장의 4대 노선법!!!

1. 4대 노선법이란?

면접을 치르면서 흔히 발생되는 모든 상황에 가장 신속하고 효과적인 답변을 발휘할 수 있는 일종의 전략 기법으로써, 면접관으로부터의 1. 질문 의도, 2. 답변 전개, 3. 적용 가능성의 유무마저도 좌우할 수 있는 매우 기본적인 답변의 방법이자 Storytelling이라고 볼 수 있다. 특히 면접 도중 예상치 못한 질문이나 갑작스러운 질문을 받게 되는 경우에 그 가치가 더욱 상승하게 되며 지원자에겐 의도되지 않은 상황에 반사적으로 발휘되는 제2의 순발력과 재치능력으로 평가받게 될 가능성이 높아진다.

면접에서의 절대적인 대안은 아니지만 지원자 자신을 든든히 지켜줄 보조적인 능력이 함께하는 기법인 것은 분명하다. 예상 질문에 대한 훈련도 중요하지만 모든 상황에 대비하는 것은 더욱 중요하다.

2. 4대 노선법의 특징

주어진 시간 동안 자신을 검증시켜야 하는 면접 시간. 면접 특유의 긴장감과 압박?스럽고도 불안한 시간에 지원자 자신의 의도보다 더 나은 답변을 구사해 내면 이로 인하여 면접관들로부터 신뢰도는 상승하게 되며, 자신이 준비했던 답변 그 이상의 효과를 얻게 되는 것은 물론, 면접관들로부터 여러 지원자를 대비할 때 비교 우위적인 확신을 좌우하게 된다.

이는 마치 새끼 고양이가 생후 한 번도 배워 보지 못했던 낙법을 해 내는 것과 같다.

배워서 해낸 낙법이 아니라 자신의 반사적 신경에 의해서 안전함을 지켜 낸 것과 같다.

그 어떤 질문이라도 당당히 말하는 여러분이 되시기를 바라며 본격적으로 집중하시기 바란다. 결론부터 말해야 한다는 이른바 두괄식 화법이 예외가 되는 상황일 수 있다.

3. 4대 노선법의 방법

먼저 4대 노선법은 전체 네 가지 단계로 구분된다.

1단계 받아 주기 단계
2단계 결론짓는 단계
3단계 예화 단계
4단계 미래 지향 단계

1) 받아 주기 단계

1단계인 받아 주기 단계는 면접관으로부터의 질문을 매우 신속하게 받아 주는 단계다.

　면접관들의 묻는 질문에 시간을 지체하거나 생뚱맞거나 뜬금없는 불상사가 발생되는 것을 예방하는 것이 첫 번째다. 즉 던져진 질문에 조금도 무의미한 시간을 보내지 않아야 한다. 마치 퀴즈 프로그램에서 사회자의 문제를 듣고 정답임을 확신하지 못할 때 우선 과감하게 부저를 누르고 정답을 말할 수 있는 기회와 권한을 가져오는 것과 같은 이치이다. 이때 가장 이상적인 소요 시간은 1~2초 안팎이라고 볼 수 있다.

　특히 누가 먼저 질문을 받을지 모르는 단체 면접 상황에선 이러한 받아 주기 능력이 부재된 지원자들이 순식간에 불리해질 수 있으므로 각별하게 활용해야 하겠다.

ex) 1. Q: "○○○ 씨부터 본인 소개해 보세요."
　　(0.5초~ 1초~ 1.5초~)
A: 네, 제가 먼저 시작하겠습니다.
A: 네, 인사드리겠습니다.
A: 네, 다시 한번 인사드리겠습니다.

ex) 2. Q: "다들 오시느라 수고 많았군요."(0.5초 ~1초~ 1.5초~)
A: 네, 그렇습니다.
A: 아닙니다.
A: 네, 물론 먼 거리를 이동하여 힘든 것은 사실입니다.

ex) 3. Q: "기업에서 창의력을 중요하게 여기는 이유가 무엇 때문일까요?"(0.5초 ~1초~ 1.5초~)

A: 네, 그 이유를 말씀 드리겠습니다.

A: 창의력이 중요한 이유를 말씀드리겠습니다.

A: 네, 기업에서 창의력을 중요하게 생각하는 이유는 여러 가지가 있다고 생각합니다.

ex) 4. Q: "합격하지 못한다면 어찌 하겠나?"(0.5초 ~1초~ 1.5초~)

A: 네, 우선 합격이란 말씀만 들어도 정말 기쁩니다.

A: 말씀만 들어도 하늘이 무너지는 것 같습니다.

A: 네, 말씀 드리겠습니다.

A: 네, 만약 합격하지 못했다면 다음과 같은 차선책을 준비하겠습니다.

ex) 5. Q: "자신의 상사가 부당한 행위나 부조리를 저질렀다면?" (0.5초 ~1초~ 1.5초~)

A: 우선 그런 일은 결코 일어나선 안 된다고 생각합니다.

A: 네, 답변 드리도록 하겠습니다.

A: 있어선 안 될 일이지만 다음과 같은 행동을 하겠습니다.

A: 상사의 부조리에 대한 저의 태도는 다음과 같습니다.

ex) 6. Q: "전공과 관련이 없는 부서인데 일할 수 있겠는가?" (0.5초 ~1초~ 1.5초~)

A: 네, 그렇습니다. 저의 전공은 ( )입니다.

A: 네, 그 점에 대해 말씀드리겠습니다.

A: 아시다시피 제 전공은 (   )인 것이 사실입니다.

ex) 7. Q: "우리 회사 제품에 대해서 아는가?"(0.5초 ~1초~ 1.5초~)
A: 네, 대표적인 제품에 대해서 말씀드리겠습니다.
A: ○○기업의 제품 중 (   )에 대해 말씀드리겠습니다.
A: 네, ○○기업의 제품들은 다음과 같습니다.

이처럼 4대 노선의 첫 단추인 '받아 주기 단계'에서는 질문에 대한 정답을 말하는 단계가 아닌, 말 그대로 받아 주는 단계로써 질문에 대한 즉각 반응을 보이는 것을 첫 목적으로 한다. 이후 자신의 답변을 더욱 자연스럽게 전개되도록 하는 것을 그 목적으로 둔다. 이 과정에 절대 오해가 없어야 하는 부분이 있다면 면접에서의 모든 답변을 이렇게 해야 한다는 논리가 될 수 없으며 갑작스러운 상황에 불필요한 시간을 지체하지 않도록 활용하는 기법이다.
한 줄 요약하자면 '질문에 대해 무엇이든 말하라'이다.

2) 결론짓는 단계
앞서 면접의 법칙 가운데 '구구단 법칙'을 우선 참조하시는 것이 바람직하다.
면접관으로부터 직면한 질문을 답변하는 과정에 질문 자체를 일부 고스란히 복사하여 붙여 넣는 방식이 되며 질문에 대해 결정적인 결론이 제시되는 시점이 되기도 한다.
본의 아니게 엉뚱한 답변을 하게 될 확률을 줄이는 것이 받아 주기 단계였다면 이번 결론짓는 단계에서는 자신의 입장이나 주관, 기타 이해 유무에 대한 사실 여부가 결정되는 단계이다. 마치 확실하게 정조준을 했다면 과감하게 방아쇠를 당기는 단계와 같은 이치라고 생각하시면 되겠다.

이번 결론짓기 단계에서 가장 중요하게 여기는 숙어(熟語)의 두 가지를 우선적으로 제시한다.

a. 여러 가지가 있지만 대표적으로 ( )입니다.
b. ( )에 대해 굳이 말씀드리면 ( )라고 생각됩니다.

a의 경우는 뭔가 분류를 요구하는 질문이거나 한 가지로 단정 지을 수 없는 형태의 질문에 대한 답변의 방법이 된다. 다시 말해 단답형 답변도 중요하지만 더욱 논리성과 이해 여부를 바탕으로 한 객관적인 답변을 요구할 땐 a와 같은 모습으로 답변한다면 한층 더 안정적인 답변으로 이어지게 되는 것이다.

b의 경우는 지원자가 다소 답변하기 곤란한 질문이거나 확신이 성립되지 않은 단계에서 활용 가치가 높은 형태의 결론짓기 답변이 된다.

ex) a-1. Q: 우리 회사 제품에 대해서 아는가?
A: 네, 제품에 대해서 말씀드리겠습니다. 제품은
  여러 가지가 있지만 대표적으로 ( )가 있습니다.

ex) a-2. Q: 존경하는 사람은 누구인가?
A: 제가 존경하는 사람을 말씀드리겠습니다.

여러분이 계시지만 대표적으로 (   )을 존경합니다.

ex) a-3. Q: 경쟁사를 넘어설 전략은 어떤 것이 있다고 생각하나?
A: 네, 경쟁사를 넘어설 전략을 말씀드리겠습니다.
전략은 여러 가지가 있을 수 있지만 가장 현실적인 전략은 (   )라고 생각합니다.

답변에 있어서 결정적인 내용이 전달되는 과정이므로 입에 착 붙을 정도로 익숙하게 연마한다면 매우 활용 가치가 높다고 겹겹이 강조한다. 물론 자신이 답변에 자신 있다면 앞서 제시된 받아 주기 단계를 과감히 건너뛰어도 단연 무방하다.

ex) b-1. Q: 자신의 단점은 무엇이 있는가?
A: 네, 단점을 말씀드리겠습니다.
제 단점을 굳이 말씀드린다면 (   )라고 말씀드릴 수 있습니다.

ex) b-2. Q: 연봉도 낮은데 왜 우리 기업을 지원했는가?
A: 네, 답변드리겠습니다.
지원하게 된 이유를 굳이 말씀드리면 (   ) 때문입니다.

ex) b-3. Q: 회사는 물론 고객을 위해 무엇을 할 수 있는가?
A: 네, 말씀드리겠습니다.
고객과 회사를 위해 할 수 있는 일을 굳이 말씀드린다면 (   )를 할 수 있습니다.

KBS에서 방영되었던 〈스펀지〉라는 프로그램, 다들 기억할 것이다….

세상에 널리고 널려 흔한 것이 과학 상식과 원리인데 방송 소재 고갈이라는 아이러니한 이유로 종영해 버린 프로그램. 신 원장이 거의 광적으로 좋아했던 프로그램이었다….

시청자들의 과학적 궁금증을 해결하는 과정에 관련 상식이 풍부한 전문가들의 증언이 늘 함께하여 더욱 인상적이었다. 그때 방송에 협조해 주시던 많은 각계 전문가분들이 공통적으로 했던 답변들 기억이 나십니까? 바로 위와 같은 유형의 답변들을 필두로 한다는 것을 알 수 있다. 예를 들자면 '네, 그렇습니다. ○○○ 하는 것이 사실입니다', '그러한 현상은 여러 가지 이유가 있는데 그중 대표적인 이유는 ( ) 때문입니다', '네, 그 현상에 대해 굳이 말씀드린다면 ( ) 현상이라고 말씀드릴 수 있습니다'.

당시 스펀지 프로그램에 협조하신 전문가들의 증언을 접할 때 시청자들은 방송을 더욱 신뢰하게 된다. 이렇듯 YES or NO의 태도도 물론 중요하지만, 답변을 풀어 가듯 전개하는 방식은 지원자의 신뢰도를 한층 증가시킨다는 것을 전하고 싶다.

3) 예화 단계

구슬이 서 말이라도 꿰어야 보배이듯이 자신이 답변이 아무리 정직하고 확실하다 하더라도 관련 예화나 사례 등이 첨가되지 못했다면 그 답변은 어쩌면 쭉정이일지도 모른다.

면접관들은 바보가 아니기 때문입니다. 본 책의 앞에 등장한 면접의 법칙 중 1:3의 법칙에서 언급된 내용을 다시금 참조하시기 바란다.

자신을 제외한 다른 지원자들도 자신과 별반 다를 바 없는 답변을 아무 경계심 없이 말하게 됩니다. 하지만 면접관들은 같은 답변이라 하더라도 그 답변에 실체가 있고, 그 답변에 더욱 완성도가 높으며, 그 답변에 더욱 믿음이 전달된다면 여러 지원자 중 단연 일을 맡기고 싶다며 그 지원자를 선택하게 될 것이다.

지원자들의 답변에서 이토록 신뢰를 좌우하는 단계가 바로 예화 단계이다.

지원자는 예화를 전하고 있지만 면접관 입장에선 사실상 증언을 듣고 있기 때문이다.

자신의 경험이나 사례, 사회적으로 공감되었던 사건이나 사고들도 지원자 자신의 답변이 될 수 있는 것이다.

ex) 1. Q: 우리 회사 제품에 대해서 아는가?

A: 네, 제품에 대해서 말씀드리겠습니다. 제품은
여러 가지가 있지만 대표적으로 (   )가 있습니다.
(   )는 지난해 시장 점유율 과반수를 기록한 바 있으며 개인적으로 저 또한 가장 애용하고 있는 제품입니다.

ex) 2. Q: 존경하는 사람은 누구인가?

A: 제가 존경하는 사람을 말씀드리겠습니다.
여러분이 계시지만 대표적으로 (   )을 존경합니다.
지원하기 전 인턴 생활에서도 (   ) 님의 성실함과 창의력을 롤 모델로 설정했으며
그로 인해 더욱 긍정적인 평가를 받아 본 사례가 많았습니다.

ex) 3. Q: 경쟁사를 넘어설 전략은 어떤 것이 있다고 생각하나?

A: 네, 경쟁사를 넘어설 전략을 말씀드리겠습니다.

전략은 여러 가지가 있을 수 있지만 가장 현실적인 전략은 (   )라고 생각합니다.

얼마 전 (   ) 리서치 기관의 발표를 통해서도 알 수 있듯이 오늘날 고객들이 선호하는 측면이 (   )인 것을 감안할 때 여러 경쟁사를 넘어설 수 있는 전략은 (   )인 것으로 생각됩니다.

이처럼 관련 예화를 결론에 첨부하게 되면 답변의 신뢰감이 오르는 것은 당연함과 동시에 더욱 매끄러운 답변을 구사할 수 있게 되므로 반복적인 훈련이 중요하다고 할 수 있다.

4) 미래 지향 단계

지원자 여러분 혹시 축구를 좋아하는가?

골키퍼의 발에서 시작되어 미드필더, 수비수, 공격수에 이르러 어렵사리 힘겹게 결정적인 득점을 기록해서 성취감과 카타르시스가 공존하게 하는 전 세계적인 스포츠….

면접이 이러한 축구와 같다면 미래 지향 단계는 축구에서 슈팅과 같은 개념이라고 설명드릴 수 있다. 훌륭한 답변을 해냈다고 가정해 본다. 또한 관련 사례와 적절한 예화마저 답했다고 가정해 본다. 하지만 답변에 따라 그 완성도를 결정짓는 결정적 답변들이 있다.

물론 이 단계가 가장 오해의 소지가 발생할 수 있는 단계이므로 무조건적인 절대적 사용을 권장하기보다는 면접 상황 중 결정타를 좌우해야 하는 특별한 상황에 과감히 사용하는 것이 옳다고 볼 수 있다.

정리하자면 모든 답변에 사용하는 것이 아닌, 진정한 숏 찬스가 되었을 때 멋지게 숏을 쏘라는 것이다. 받아 주고-결론짓고-예를 들었다면-자신 또한 그리 하겠다는 의지를 답변으로 하여금 광고하라는 뜻이기도 하겠다.

ex) 1. Q: 우리 회사 제품에 대해서 아는가?

A: 네, 제품에 대해서 말씀드리겠습니다. 제품은 여러 가지가 있지만 대표적으로 ( )가 있습니다.
( )는 지난해 시장 점유율 과반수를 기록한 바 있으며 개인적으로 저 또한 가장 애용하고 있는 제품입니다.
그러므로 ( ) 기업의 신입으로서 기업과 제품의 우수함이 무색하지 않게 더욱 박차를 가할 것이며 시간이 갈수록 플러스가 되는 일꾼이 되겠습니다.
이러한 포부가 현실이 될 수 있도록 기회를 주시면 감사하겠습니다.

ex) 2. Q: 존경하는 사람은 누구인가?

A: 제가 존경하는 사람을 말씀드리겠습니다.
여러분이 계시지만 대표적으로 ( )을 존경합니다.
지원하기 전 인턴 생활에서도 ( ) 님의 성실함과 창의력을 롤 모델로 설정했으며
그로 인해 더욱 긍정적인 평가를 받아 본 사례가 많았습니다.
이렇듯 합격 이후에도 성실함은 물론이고 반드시 방법을 만들어 내는

창의력을 겸비한 신입 사원이 되어 결코 실망시켜 드리지 않겠습니다.

ex) 3. Q: 경쟁사를 넘어설 전략은 어떤 것이 있다고 생각하나?
A: 네, 경쟁사를 넘어설 전략을 말씀드리겠습니다.

전략은 여러 가지가 있을 수 있지만 가장 현실적인 전략은 (   )라고 생각합니다.

얼마 전 (   ) 리서치 기관의 발표를 통해서도 알 수 있듯이 오늘날 고객들이 선호하는 측면이 (   )인 것을 감안할 때 여러 경쟁사를 넘어설 수 있는 전략은 (   )인 것으로 생각됩니다.

그렇듯 기업과 고객, 경쟁사의 현황까지도 폭넓은 시각으로 파악하는 신입이 되겠습니다. 또한 다른 기업도 아닌, 기업에 입사하는데 이 정도 포부는 기본으로 갖춰야 한다고 생각합니다.

4. 4대 노선탕의 효과

4대 노선법의 효과와 기대하실 수 있는 사항을 정리해 보면?

* 사실상 모든 질문에 적용이 가능하지만 모든 답변에 사용은 주의한다.
* 갑작스러운 질문도 답변이 가능하다.
* 암기식 훈련이 아닌, 원리식 훈련이므로 시간과 힘이 절약된다.
* 지원자의 정상적인 뇌 기능을 갖췄다면 누구나 가능하다.
* 약간의 정성과 약간의 부지런함으로 기적을 만들 수 있다. 충분히!!

5. 4대 노선법의 주의사항

면접에서의 답변은?

* 해 왔던 것?
* 알고 있는 것?
* 해야 하는 것?
* 할 수 있는 것?
* 더 잘할 수 있는 것?

으로 분류할 수 있다.

이러한 구분이 분명한 면접이 더할 나위 없는 이상적인 면접이라고 할 수 있다.

편리한 만큼 위험한 건 어떤 것이 있을까? 석유가 그렇고, 돈이 그렇고, 지구인들의 산업화가 그렇다.

즉 반드시 빈틈없는 완벽한 것은 존재하지 않는다.

4대 노선법도 마찬가지다.

쉽다 하여, 편리하다 하여 면접에서 모든 답변에 주야장천 남용했다가는 오히려 역효과가 발생할 수도 있을 것이다.

몸에 좋다 하여 하루 종일 산삼 깍두기만 먹을 순 없듯이 적재적소에 잘 활용하는 것이 가장 현명한 사용법이다.

be smart… be safe….

[12] 면접 답변을 위한 능능애매탕
(능력, 능청, 애환 지수, 매력 지수)

1. 능능애매탕의 효능

능능애매탕의 효능은 다음과 같다.

같은 시각, 같은 입장의 지원자들 가운데 유난히 유연함을 갖추게 되고, 밝은 분위기를 이끌 수 있게 되며, 면접관들로 하여금 확실하게 각인 효과를 기대할 수 있겠으며 이는 면접뿐만 아니라 이후의 직장 생활 내에서도 압도적인 인기와 리더십으로 없어선 안 될 필수 인재로 평가받게 될 것이다.

될성부른 나무는 떡잎부터 알아본다 했듯이 면접이란 특수한 상황이라 할지라도 자신에게 주어지는 그 어떤 기회의 시간들을 최고의 시간으로 만들어 보자.

능-능-애-매(사실상 합격자들의 조건)

공통적인 합격자들의 모습은 자신이 지원한 해당 업무에 대한 관련 전공, 학과, 경험 등 흔히 말하는 스펙이란 1. **능력**을 의미힌다. 또한 긴장되는 면접 상황이라도 2. **능청스런 여유**를 갖추고 안정적인 자세로 말하며 얼굴엔 3. **애환이 없는 밝은 얼굴**을 유지하고 있으며 자신만의 자세, 목소리, 복장, 태도등의 **4. 매력**을 발산한다.

2. 능력(specification)

흔히 말하는 스펙이다.

여기서 제시하는 능력은 고학력, 다수의 자격증, 추천서, 기타 외국어능력 들을 의미하는 것이 아님을 밝혀 둔다.

물론 많이 배우고 많이 갖춘 지원자가 더 많은 업무적 성과를 만들어 갈 가능성이 높다 하겠지만, 능력만큼 갖춰야 할 것이 또 있다. 그것은 훗날 주어진 상황에 마치 카드 뽑아 쓰듯 자신의 깨알 같은 능력들을 자유롭게 사용할 수 있는지에 관한 능력, 즉 역량(力量)을 말한다.

그동안 합격을 위해 혹은 자신의 계발을 위해 수많은 학업과 계발활동을 해 왔다면 이젠 면접관의 의도가 타깃에 일치되는 순간 거침없이 뽑아 쓸 수 있어야 한다.

구슬이 서 말이라도 꿰어야 하듯 면접의 시작부터 퇴실하는 순간까지 준비한 모든 것을 과감히 사용하자.

혹시라도 자신의 사회 경력, 학력, 자격증 등을 믿고 안심하고 있을 지원자들을 겨냥한 주장이다.

지원자들의 역량은 마치 우리가 사서 입는 옷과 같다.

멋진 사람은 싸구려 짝퉁을 입어도 귀티가 나는 반면, 아무리 비싼 최고급 옷을 입혀 놓아도 멋이 살지 않는 사람도 있기 때문이다.

지원자가 무엇을 입고 면접장에 입장했더라도 자신이 준비한 자신의 것을 자신 있게 말할 수 있는 게 진짜 자신감이 아닐까 한다?

다른 지원자에 비해 경력이, 학력이, 점수가 미흡하다 하여 기죽을 필요가 없다.

흔히 스펙을 쌓아 왔다면?
그러한 스펙을 왜 쌓아 온 것인지에 대한 분명한 **목적성**
자신의 스펙을 어떻게 활용할 수 있다는 확신의 **적용성**
면접관의 이해를 돕기 위한 근거를 요약하여 말할 수 있는 **침착성**

위의 세 가지가 함께할 수 있을 때 그 지원자의 진정한 능력이 진짜 능력인 동시에 면접이란 시간에 인정받을 수 있는 진정한 가치가 되는 것이다.

3. 능청

능청을 사전적 정의로 하면 다른 마음을 가진 일종의 뻔뻔한 행동 등으로 해석된다.

하지만 여기서 마음에 걸리는 문구가 있다. 바로 '뻔뻔한 행동'이란 것이 그것이다.

오해하지 말아야 하는 부분은 자유로운 스피치, 살아 있는 스피치를 의미하는 것이지, 결코 면접관을 상대로 시건방진 언행을 하라는 것이 아닌 것이다.

면접에서 능청 지수를 발휘한다는 것은 그동안 역사적으로 거의 대중화된 적이 없었고 일부 여유를 갖춘 안정적 심리상태의 지원자들에게 주어진 전유물과 같았다.

그렇다면 능청 지수가 발휘되는 순간과 관련된 질문엔 어떤 것들이 있는가?
주로 상황 제시형 질문이 우선적으로 해당된다.

ex) 1. Q: 만약 당신의 전(前) 근무자로 인한 치명적 실수를 수습하고 해결해야 한다면?

이러한 질문을 받게 되었다면 당신은 어떠한 답변을 하게 될 것인가?
필자는 기다리는 것을 좋아하므로 당신의 답변을 들어 보고 다음으로 이어 나갈 것이다.

자… 마음을 정리하고 다시 한번 답변해… 보자.
어떤가? 자신이 생각하기에도 만족스러운 답변이 되었는가?

ex) 1. Q: 만약 당신의 전(前) 근무자로 인한 치명적 실수를 수습하고 해결해야 한다면?

이 질문에 당신은 딜레마에 빠졌을 가능성이 높다.

A: 즉시 수긍하고 수습하기에 이른다. 왜냐하면 같은 회사 같은 동료니까.
B: 치명적 실수이므로 진상을 규명하기 위한 노력을 하겠지만 책임을 떠안지는 않는다.

여러분의 답변은 어느 쪽으로 기울고 있는가?

우선 면접관의 여러 의도를 생각해 본다.

* 이 지원자는 책임 의식이 있는가?
* 임기응변과 순발력은 어느 정도인가?
* 애사심의 정도는 어느 정도인가?
* 경쟁자 대비 더 나은 대안을 제시하는가?

등등의 의도를 예측해 볼 수 있다.

하지만 일반적인 답변을 하기 전, 할 일이 우선적으로 있다. 특히 상황 제시 질문은 더더욱 그렇다. 그것이 바로 능청 지수라고 구분할 수 있겠으며 합격자들의 답변을 완성시키는 중대한 척도가 될 수 있다.

ex) 2. Q: 만약 당신의 전(前) 근무자로 인한 치명적 실수를 수습하고 해결해야 한다면?(능청 지수 첨가)

A: "네, 그러한 일은 충분히 있을 수 있는 일이라고 생각됩니다."
A: "네, 면접관님. 우선 생각만 해도 정말 난감한 순간입니다."
A: "네, 모든 지원자들이 어렵게 생각할 수 있는 질문입니다."

이후에 결정적 답변을 제시하게 된다면 더욱 여유로운 답변이 된다….
늘 강조하듯이 면접은 퀴즈와 구분된다. 아니 퀴즈가 아닌 것이다….

'A=B입니다'. 이건은 퀴즈다.
하지만 면접은 답변하는 자세, 음성, 객관성과 일관성, 적극성과 순발력, 역량과 인성 등 비교적 짧은 시간 동안 많은 것을 색출해 낼 수 있어야 하는 것이 면접이다.
그러나 능청을 강조한다 해서 능청만이 즐비한 답변도 주의해야 할 요소가 된다.

그 밖에 우선적으로 사용되는 능청 지수형 답변들을 소개해 본다.
실제 면접에서 자유롭게 사용하기를 권고한다.

* 우선 그러한 상황은 절대 있어선 안 될 것입니다.
* 말씀드리기 송구합니다만.
* 제가 어찌 그러한 문제를 함부로 답변할 수 있겠습니까. 하지만…
* (   )라는 말씀만으로도 너무 기쁩니다.
* 제가 감히 (   )을(를) 할 수 있겠습니까. 하지만…
* 지원자 중 한 사람으로서 말씀드리면
* 저 또한 (   )라고 말씀드릴 수 있었습니다, 그렇지만…

상황형 질문엔 능청을!!

4. 애환

만약 여러분이 면접관이라면?
누군가를 채용해야 하는 위치에서 누군가를 평가한다면?
누구에게 기회를 주겠는가?

능력? 인성? 적극성? 외모? 가능성? 역량? 과연 무엇에 비중을 둘 것인가?
면접은 기본적으로 사람과 사람의 만남으로 인한 1차적이고도 기본적인 평가를 하겠다는 목적에서 행해지는 약정의 시간이다.

면접은 얼굴을 맞대고 질의응답을 기본으로 한다.
그러므로 지원자의 첫인상은 매우 중요하다. 그러한 연유로 누군가는 성형도 하고 좋은 옷도 입어야 하며 자신의 감정 상태가 좋든 싫든 희망적인 답변들이 불가피한 상황이다.
애환이란? 슬픔과 기쁨을 아우를 수 있는 개념이지만, 이 책에서는 일종의 행복 지수의 척도와도 같은 개념으로 해석하면 되겠다.

특히 서비스 업종이나 여러 고객을 상대해야 하는 직업군이라면 면접관 입장에서 우선적으로 염두에 두는 부분이 바로 지원자의 행복 지수가 아닌가 한다.
욕구 불만형 지원자나 다소 못마땅한 얼굴이거나 진정성이 느껴지지 않는 가식적인 웃음 등 지원자 자신의 현재 모습에서 비롯하여 훗날 여러 업무적 상황에 대처하는 인재의 모습을 연상시켜 줄 수 있어야 한다.

그러므로 막연히 높은 행복 지수를 어필해야 한다는 논리보다는 면접관 개개인의 감정 상태에 일치하는 조절형 행복 지수를 어필할 수 있을 때 안정적 면접의 이미지를 기대할 수 있다.

회중의 가장 맛있는 회는 기회이듯, 밝은 사람, 밝을 수 있는 사람들에게 기회가 찾아온다.

5. 매력

면접에서 말하는 매력 지수는 단순히 잘생긴, 예쁜 외모를 일컬을 수 없다.

만일 지원자의 외모만을 기준으로 합격시킨다면 연예인 지망생이거나, 고액 성형 중독자가 유리해야 한다. 하지만 면접은 결국 인성이라 해도 과언이 아니다. 외모가 곧 인성이 아니란 것을 자신만의 매력 지수를 발산하며 인정받을 수 있어야 한다.

여기서 말하는 매력 지수는 지원자 개개인의 표현력, 음성, 자세, 적극성, 행복 지수와 긍정성, 목적 의식과 열정과 제스처, 그리고 가능성 등을 일컬을 수 있는 매우 광범위한 개념이다.

흔히 매력 있는 사람을 정의하라 하면 우린 무엇에 비중을 둘 것인가?

지난 2013년 면접 개인지도를 위해 방문한 서 모 씨의 이야기이다.

일단 면접 경험과 탈락 경험을 무수히 가진 서 모 씨는 다소 풀이 죽은 모습을 보일 만도 했지만 늘 웃는 모습을 보이며 자신의 치부와 같은 불편한 질문을 받을 때에도 매우 능청스러운 모습을 필두로 머리를 긁적이며 인정하는 자세부터 보이고 있었다. 이러한 모습이 그동안의 면접관들에겐 다소 철없는 모습으로도 비춰졌을 것이다. 필자의 개인 지도는 이러한 서 모 씨의 기본적인 성향을 높이 평가하게 되었고 그가 간과했던 답변의 반전과, 확신, 기타 연상법에 비중을 두고 훈련을 하였다. 그 과정에서 유난히 잘 웃는 서 모 씨에게 이런 질문을 해 보았다. "서○○ 씨는 인생이 그리 즐겁습니까?" 그때마다 서 모 씨는 "더 좋은 기업을 갈 수 있는 기회가 생겼는데 기분이 좋지 않겠습니까?" 하며 자신이 처한 상황을 매우 희망적으로 표현하였다.

다시금 정리하면 면접 지원자의 매력 지수는 같은 말을 해도 상대방을 기분 좋게 말하는 표현법에 능해야 하고, 질문자의 답변에 최대한 성의 있게 설명하며 안정적이고 따뜻한 음성을 전할 수 있어야 하며 자신의 목표에 확신성과 더불어 원활한 소통 능력을 위한 표정과 제스처를 갖춰야 한다.

눈빛은 총기를! 심장은 온기를! 정신은 끈기를!

* 답변은 잘하지만 기계적인 지원자.
* 얼굴은 잘생기거나 예쁘지만 이기적인 성향을 가진 지원자.
* 좋은 체구와 좋은 목소리를 가졌지만 소심한 자세의 지원자.

* 면접인 건지 퀴즈 시간인지 구분하지 못하는 지원자.
* 시작부터 끝까지 단 한 번도 웃음을 짓지 않는 딱딱한 지원자.
* 자신의 실수나 미흡함을 인정하지 않고 맞서는 지원자.
* 여러 지원자와 차별성도 없으며 모험하지 않으려는 지원자.
* 면접 공포가 심하며 면접관이 진정시켜 주기 급급한 지원자.
* 남 탓, 환경 탓, 나라 탓, 제도나 정책 탓 등 불만이 가득한 지원자.
* 직무에 적합하지 않는 가성이나 연극형 답변을 하는 지원자.

위의 유형에 해당되는 지원자는 매력 지수부터 필수적으로 올려야 하겠다.

[13] 면접 답변을 위한 반발이논탕
(반응 속도, 발성 상태, 이미지, 논리)

1. 반발이논탕의 효능은?

 이른바 그 어떤 면접에서도 점수를 얻지 못하고 합격을 기대할 수 없는 모든 이들에게 전략적인 체크리스트를 제공하는 효능을 보인다. 앞서 등장한 능경애매탕의 반대 개념으로도 해석될 수 있겠으며 면접에서 떨어지는 진짜 이유들이 된다. 그러므로 아주 기초적인 면접 기법을 숙지하는 시간으로 반발이논탕을 들이켜 본다.

2. 반응 속도

 면접관으로부터 질문을 받고 동시에 답변을 시작하기까지의 시간은 몇 초가 적당할까?
 물론 질문의 유형이나 면접 환경에 의한 격차는 조금 보일 수 있겠으나, 그렇다고 면접관의 입장에선 한없이 기다릴 수도 없는 것이며 〈가족오락관〉 스피드 퀴즈처럼 빠르게 반응하는 모습만으로 점수를 제공할 수도 없다.

본 기준은 그 어떤 법적 규정이 아닌 것이며 수차례 많은 학생들을 지도해 본 강사의 입장에서 설정되는 기준이다. 또한 강사 자신만의 입장이 아닌 여러 유형, 여러 캐릭터들의 입장을 고려하여 정리된 면접 반응 속도이다.

누군가는 '3초 내에 반응해야 한다', 또 누군가는 '2초 안팎으로 반응해야 한다'고 주장하기도 하지만 사람이 사람을 상대로 어찌 그리 기계 같은 반응을 유지할 수 있을까?
면접 질문 중 곤란한 질문이거나 언급하기 어려운 내용인 경우는 누구라도 멈칫하는 모습을 보이게 될 것이다.

필자의 기준은 최소 1초, 최대 1.5초를 기준으로 한다.
이것은 자신의 손에 들고 있는 볼펜을 스스로 살짝 던지고 받아 내기까지의 소요시간과 얼추 흡사하다. 또한 준비된 답변을 즉시 시도하기보다는 '받아 주기 언어'를 통해 자신의 답변을 찰나에 추스를 수 있어야 한다.

ex) 1. 네, 그렇습니다.

ex) 2. 네, 면접관님.

ex) 3. 네, ○○○에 대해 말씀(답변)드리겠습니다.

셋 중 해당되는 혹은 일치되는 받아 주기 언어를 반사적으로 시도해야 한다.

1번인 '네 그렇습니다'의 경우는?

자기소개서에 의한 질문, 혹은 지원자 자신의 과거사에 의한 질문, 그리고 자신만의 불리한 질문 등에 대해 사용하면 매우 바람직하다.

면접은 면접관과 논쟁을 벌이는 순간 불리해지기 마련이다. 하지만 위의 1번처럼 '네 그렇습니다' 하고 반응하는 답변은 그 자체만으로도 인정하는 모습을 보이게 되므로 면접관의 매서운 질문이라 할지라도 완충해 내는 효과로 이어진다.

현장 취재기자들이 뉴스 룸 앵커로부터 질문을 받게 될 때 이와 같은 모습을 주로 보이게 된다.

2번인 '네 면접관님'의 경우는?

면접 시작부터 면접이 끝나는 순간까지 사실상 언제라도 사용이 가능하다.

단! 똑같은 반응을 연쇄적으로 보인다는 것은 마치 기계적인 모습으로 비춰질 수 있게 된다. 그러므로 인정해야 하는 모든 질문은 위의 '1번 받아 주기 언어'를 사용할 것을 추천하며 그 밖에 다소 공백과 침묵이 흐를 수 있는 상황에 2번 받아 주기 언어를 적절히 사용하는 것이 안정적이다.

3번인 '네, ○○○에 대해 말씀(답변)드리겠습니다.'의 경우는?

면접관의 질문 중 비교적 짧은 질문, 아니면 간단히 확인하는 질문 등에 대해 사용하는 것이 좋다.

ex) 1. Q: 취미가 뭡니까?
A: 네, 취미에 대해 말씀드리겠습니다.

ex) 2. Q: 영업이란 뭐라고 생각하세요?
A: 네, 영업에 대해 답변드리겠습니다.

※ 주의사항
* 누차 강조하지만 면접은 퀴즈 맞추는 시간이 아니므로 급하게 반응하지 않는다.
* 마치 군인들의 관등성명 말하는 모습이 될 수 있으므로 안정화 훈련도 반복한다.
* 한 가지 타입의 받아 주기 언어만 주야장천 사용하면 면접의 진정성을 의심받게 될 것이다.

3. 발성 상태

흔한 면접 훈련 중 가장 많이 지적받는 것 중 하나가 목소리 좀 크게 하라는 내용일 것이다.

하지만 면접 답변 중 목소리를 크게 해야 한다는 것을 누군들 모르겠는가?

큰 소리를 내야 하는 것은 당연하지만 어느 정도의 큰 소리가 적격인지에 대한 기준은 사실상 모호하다. 그러므로 이번 기회를 통해 면접 발성의 기준과 초점을 맞춰 본다.

1) 면접관의 목소리보단 반드시 커야 한다 (Q<A)

면접관 그들도 면접관 이전에 사람이다. 사람은 입을 통해 언어를 하게 되고 자신이 들리는 정도에 맞춰 발성을 설정하게 된다. 고령의 노인들이 필요 이상의 큰 소리로 말하는 것은 청각의 기능을 의심해야 하는 것과 같은 이론이다.

그러므로 면접관의 질문이 비교적 큰 소리로 묻고 있다면 반드시 면접관의 DB 이상을 설정해야 해당 면접관의 귀에 정확히 들릴 수 있게 된다.

하지만 모든 면접관들이 큰 소리로 묻는 것이 아닐 것이므로 작은 소리로 침착하게 말하는 면접관에게 필요 이상의 발성을 설정한 것은 아닌지 주의한다.

2) Tone을 조절한다

앞서 언급된 목소리의 크기는 볼륨을 의미하고 있다면, 이번에 설정할 것은 목소리의 높낮이이다. 즉 자신이 사용하는 목소리의 높낮이도 면접용으로 바꿀 수 있어야 한다.

무조건 호소력이 짙다하여 좋은 목소리라 볼 수 없으며 무조건 상냥하다 하여 진정성을 의심받지 않을 수 없듯이 답변 내용에 어울리는 목소리 톤을 찾아본다.

평상시 자신이 주로 사용하는 언어의 톤을 DO라고 설정하고 4단계 혹은 5단계 정도 톤을 높여 자신의 적극성을 돋보이게 표현한다.

예를 들어 애국가를 부를 때 동해~ 할 때의 '동'을 '도'로 설정한다면 그 톤을 기준으로 도~레~미~파~솔~ 단계까지 끌어올린 소리로 답변하라는 것이다. 사람의 발성은 천차만별 다른 특색이 있으므로 자신의 발성을 스스로 녹음하는 습관도 매우 좋은 습관이다.

tone을 조절하라는 이유는 지원자가 무기력한 모습을 보이지 않아야 하는 동시에 적극적인 모습을 비추며 나태한 지원자의 모습을 비추지 말아야 한다는 의도로 해석해 주면 되겠다.

3) 날숨을 활용한다

골키퍼가 공을 찰 때 원 바운드 공을 차는 것이 더 멀리 날아가는 현상을 볼 수 있다.

발성도 마찬가지이듯이 들숨과 날숨 중 날숨을 이용하며 말할 때 더욱 진정성과 설득력을 좌우하게 된다. 이는 마치 합창단원들이 동시다발적으로 합창을 할 때 어깨의 움직임들이 똑같이 움직이는 모습처럼 호흡이 발성에 미치는 영향도 결코 외면할 수 없다.

가상의 답변을 연습하며 자신의 답변은 날숨을 활용하고 있는지 점검해 보면 어떨까? 하며 권장해 본다.

4. 이미지

만약 면접이라는 것이 지원자의 외모에만 국한되어 있는 것이라면? 정녕 그러하다면 면접은 연예인처럼 생긴 사람들만 합격해야 했는지 모른다. 하지만 그럴 수도 없으며 그래서도 안 되는 것이 면접인 것이다. 앞서 10번 이에콘마탕에서 언급된 바 있으므로 면접에 초점을 둔 이미지를 설명한다.

1) 면접 이미지(복장 부문)

될 사람은 약수터 패션만으로도 합격하게 되고, 안 될 사람은 턱시도를 입어도 위태롭다.

강사 신분으로서 자주 듣게 되는 질문 가운데 면접 복장에 대한 코칭을 원하는 질문이 많았다. 그러므로 복장에 대한 일부 정리를 해야 할 필요가 있겠다.

최근 일부 기업에서는 면접 복장을 편안한 캐주얼로 입고 오라는 다소 물음표스러운 설정을 시도하고 있다. 이는 결국 실무에 적합한 실용주의적 입장이 내포되어 있지만 한편으로는 편안한 복장에 대한 명확한 기준이 없는 가운데 지원자 자신에게 편안함이 무엇인지 어필할 수 있는 기회이기도 하다. 이때 가장 적합한 복장은 해당 부서 해당 업무에 근접한 듯한 편안한 복장이 조금 더 유리할 것이다.

예를 들어 마케팅부, 기획부는 세미정장 정도가 적합하며 생산, 유통 등의 부서는 청바지와 운동화 차림도 허용하겠다는 의미가 된다. R&D와 같은 부서는 큼지막한 박스 티셔츠나 남방 정도가 적합하겠으며 전산, 회계부서는 오히려 active한 트레이닝 복장도 아이디어가 될 수 있다. 하지만 비서직, AS부서라면 아무리 편안한 복장을 허락했다 할지라도 필자라면 정장을 고집해 보겠다.

만일 정장 차림이 불가피한 면접이라면 정장의 길이와 사이즈를 한 치수 크게 설정하는 것이 바람직하겠다. 면접 과정 중 토론이나 P.T를 해야 하는 경우 익숙지 못한 움직임이 부자연스러운 모습이 될 수 있기 때문이다. 또한 다수 대 다수 일명 다대다 면접에선 손을 들어 올려야 하는 상황도 생길 수 있어 더 높이 손을 올릴 수 있어야 하기 때문이다.

남성 지원자의 경우 넥타이 색상도 상당한 스트레스가 된다. 가령 L사 지원자는 붉은 계열, S사 계열은 파란색 계열을 고집하기도 하지만 이는 사실상 영향력이 없는 입장이라 하겠다. 무엇을 입어야 하는가?의 질문에 '어떻게 입어라' 하는 논리를 내세우겠다.

반사체가 장착된 구두는 면접관의 시선을 분산시킬 수 있다. 높이가 너무 낮아도 문제고 발목을 감싸는 높이도 불편해 보인다. 심플한 디자인의 구두라면 사실 문제 될 것이 없으므로 크게 연연하지 않는다. 오히려 의자에 앉는 경우 바지 길이가 당겨지게 되며 구두의 전면이 공개되는 동시에 신고 있던(간과했던) 양말이 노출되므로 바지 길이를 살짝 길게 입는 것도 면접 집중도를 좌우하는 숨은 공신이 될 수 있다.

여성의 경우 블라우스를 입게 되는 것이 일반적이다. 이때 지나치게 레이스가 달린 옷보다는 무난한 데코레이션 컨셉을 설정한다. 또한 리본이 길게 늘어진 복장이나 지나치게 컬러풀한 복장도 이른바 튀는 복장이 되어 불리함을 작용할 수 있으니 주의한다.
남자나 여자나 재킷을 입는 경우 원 버튼, 투 버튼 중 윗 버튼 하나만 잠그는 것을 기억한다.

2) 면접 이미지(두발 부문)

남자나 여자나 이마가 넓게 개방될수록 좋은 인상을 줄 수 있다.

그 이유는 물론 시원스러운 인상이 개방되어서일 수도 있겠지만 바로 눈썹이 노출될 수 있으며 눈썹에 의한 감정 전달과 설득력을 강화시킬 수 있기 때문이다.

눈썹은 앞서 제시된 이에콘마탕에서 자세히 묘사되고 있으므로 생략한다.

면접관의 입장에선 지원자들의 역량과 재능을 주어진 시간 동안 마구마구 파헤쳐야 한다.

이때 지원자 제각각의 재능과 인성을 판가름할 수 있는 잣대와 같은 것이 지원자의 두발이다. 두발의 정돈 상태, 헤어스타일, 색상, 장신구 등에 의해 지원자의 인성을 여러 가지 편견에 입각하여 생각하게 될 것이다.

가르마의 경우 2:8부터 5:5까지 다양하다.

가르마의 위치도 중요하겠지만 그보다 중요한 것은 지원자의 얼굴과 가르마의 위치가 어울릴 수 있어야 하는 것이 답이 된다. 같은 5:5 머리를 해도 누군가는 멋지게 소화하는 반면 누군가는 코믹한 얼굴이 될 수 있다. 물론 일반적인 면접에선 대부분 7:3 정도가 적절하다 볼 수 있고 다소 보수적 성향이 두터울수록 2:8에 가까워지는 것이 일반적이다. 하지만 면접에서 두발에 대한 절대적인 기준은 사실상 없다. 굳이 있다면 깔끔함을 어필할 수 있는 정도라고 하겠다.

여성 지원자의 경우는 면접 중 면접관에게 인사를 하는 과정에 머리

칼 전체가 앞으로 쏠리게 되며 살짝 납량특집 소복귀신의 머리가 될 수 있으므로 머리를 고정하는 장치가 필수적이다. 올림머리, 상투머리, 똥머리? 등 이름도 제각각이지만 면접 시 필요 이상의 나풀거림이나 시야를 가리게 되는 경우, 혹은 손으로 자주 쓸어 올려야 하는 번거로움으로부터 무조건 자유롭도록 준비한다.

3) 면접 이미지(시선 처리)

면접을 준비하며 누구나 고민해 보았을 것이다.

누구를 보고 이야기하는가? 얼마나 보고 있어야 하는가? 어떻게 보고 있어야 하는가?

그래서 기준을 정하면….

바로 3초의 미학이다.

그렇다. 사람이 서로 초면에 지속적으로 마주 보고 있다는 것은 사실 매우 불편한 심리 상태로 전환되게 되며 또한 답변마저 마친 상태라면 이는 더 더욱 불편함의 연속이 될 것이다.

그러므로 면접관 누구라 할지라도 3초 안팎의 시선을 머무를 수 있도록 연마한다.

누군가는 면접관의 미간을 보며 말하라고 가르치기도 하며 누군가는 코끝을 주시하며 말하는 것이 옳다고 주장한다. 이에 반론을 제기하진 않겠다.

다만 면접 자체의 진정성을 두고 얘기하자면 눈 대 눈이 마주쳐야 하는 것은 아니라 할 수 없을 것이다.

여러분의 앞에 앉아 계신 면접관은 1명부터 10여 명에 이르기까지 확률 또한 다양하다.

이 중 1번 면접관이 질문을 했는데 8, 9번 면접관을 보고 답변한다면 적합한 모습이라 할 수 있겠는가? 그러므로 답변을 할 땐 누가 질문을 했는가에 비중을 둔다. 그리곤 그 외의 면접관들에게 시선을 분산시킬 수 있는 각도 조절과 공감을 이끌 수 있는 표정 설정과 눈썹 연기 등 면접 이미지를 극대화시킬 수 있는 복합적 무기들을 사용할 수 있어야 하겠다.

그러므로 단지 질문자만 응시하며 코끝이나 미간을 굳이 찾아 가며 답변할 필요는 없는 것이다.

ex) 자신이 창의성을 인정받은 사례가 있나요? (3명의 면접관 중 1번이 질문함)

A: "네, 면접관님. 대표적인 사례를 말씀드려 보겠습니다." (1번)
"지난 대학 시절 ○○○ 프로젝트 참여 시 ○○○이란 어려움에 직면하게 되었습니다." (2번)
"하지만 조급하게 생각하지 않고 평소 가정에서 배워 왔던 ○○○을 시도하게 되었습니다." (3번)
"물론 여러 변수도 간과할 순 없었지만 전 그때 제 자신의 실력을 확신하고 있었습니다." (2번)
"그러므로 귀사에서 맞이하게 될 여러 변수에서도 물러서지 않는 신입사원 ○○○이 되겠습니다." (1번)

위에서 보듯 가급적이면 질문자에게 과반수의 시선을 주는 것이 옳으며 관심이 없는 듯한 면접관, 혹은 고개를 숙이고 있는 면접관, 뭔가 열심히 쓰고 있는 듯한 면접관들에게도 그들이 나를 보든 안 보든 시선을 분산할 수 있어야 한다.

그것이 덜 기계적이고 덜 건조한 분위기를 이끌 수 있기 때문이다.

5. 논리(면접 논리)

면접 논리: 자신의 경험적 측면의 진위 여부, 면접관의 입장, 자신만의 소견과 증언

그 밖의 실효적인 방향 제시를 위한 정리된 언어이며 자신의 답변을 보다 효율적으로 정리하여 면접관은 물론 장내의 모든 사람들로부터 공감과 동의, 협조 등을 기대할 수 있도록 말하는 면접 화술이다.

면접을 앞둔 모든 지원자들은 누구나 긴장되기 마련이다. 면접이 떨리고 긴장되는 이유는 면접관의 질문을 예측할 수는 있어도 확신은 할 수가 없기 때문일 것이다.

하지만 질문을 예측하는 동시에 답변을 제시할 수 있으며 상대측의 공감을 좌우할 수 있는 특화된 이야기를 자신에게 주어진 시간 동안 단축하여 말할 수 있다면 이는 면접 논리에 접근된 답변일 가능성이 높다 하겠다.

1) 고3 법칙

고3 법칙은 논리 시리즈 가운데 가장 광범위하게 적용되는 면접 논리라 할 수 있다.

고3의 고3에는, '고민하라! 3가지를!'이란 의미가 내포되어 있다.

지원자 입장에서 무턱대고 답변하는 것이 아닌 고민을 하라는 내용인 것이다.

그 첫 번째로 면접관의 질문 의도를 고민하라는 것이다.

지금 내가 하는 답변에 대해 이해를 하지 못한 것인지? 알고 있으면서도 한번 테스트 개념으로 묻는 것인지? 이해했다면 적용의 유무를 묻는 것인지? 지원자의 입장에선 참으로 여러 각도로 고민하며 답변해야 한다.

두 번째로 고민해야 하는 것은 경쟁자들의 답변을 예상할 수 있어야 하며 경쟁자들의 우선적인 답변을 고민할 수 있어야 한다. 지금 나의 답변이 정답인 것은 알겠지만 누군가가 같은 답변을 했다면? 그 답변을 한 사람이 나의 유력한 경쟁자였다면? 경쟁 우위적 답변을 요구했던 것이라면? 하는 듯 당연한 질문마저도 경쟁자들을 의식하는 자세가 필요하다.

세 번째는 답변의 마무리를 고민해야 한다. 앞서 4대 노선탕에 언급된 듯이 받아 주고-결론짓고-예를 들고-미래 지향적 마무리를 해야 하듯이 자신의 답변이 완성도가 미흡하다면 답변을 잘해 놓고도 면접관과의 불편한 시간과 모호한 시간이 될 수 있으므로 자신의 답변 후반엔 방향을 제시할 수 있는 마무리로 완성되어야 이상적 답변이라 하겠다.

ex) 1. Q: 술 좋아하느냐? 주량이 얼마나 되는가?
라는 질문에 직접 답변을 해 보자.

아마도 대부분의 지원자는 다음과 같이 답변했을 가능성이 높다.

"술은 잘하진 못하지만 술 마시는 분위기를 좋아한다."

위 질문을 예로 들자면 고1(고민해야 할 사항 1번)은 실수 확률, 대인 관계, 체력, 회식에 대한 주관 등이 궁금했을 수 있다.
이러한 의도가 명확하지 않은 경우라면 다각도의 답변을 제시하는 편이 좋을 것이다.
또한 고2는 앞서 말한 듯이 전혀 못 한다고 하면 대인 관계를 의심받게 될 것이므로 얼떨결에 술 마시는 분위기를 좋아한다며 크게 구분되지 못한 답변을 하고 있었을 것이다.
고3은 자신의 주량이나 체력을 제시하고는 속으로 '어쩌라는 거지?' 하고 되뇌었을지 모른다.
그렇다면 같은 질문에 모범 답변을 제시해 본다.

ex) 1. Q: 술은 잘 하십니까? 주량이 얼마나 됩니까?
A: 네, 사실 제 주량은 상당히 약한 편입니다. 하지만 연일 회식이 있다 하더라도 끝까지 자리를 지키는 사람입니다. 또한 술에 취했다 할지라도 다음 날 업무에 조금도 지장을 주지 않을 수 있으며 술에 의한 업무적 과실이나 실수 확률이 매우 낮은 지원자입니다. 그러므로 직장 생활 하면서 걱정 끼쳐 드릴 일이 없는 인재

가 될 수 있습니다.

2) A or B 법칙
둘 중 하나를 선택하라는 질문의 유형이다.
면접 논리 시리즈 중 가장 어려운 논리 시리즈가 아닐까? 한다.

ex) 1. Q: ○○○을 지원한 것이 ○○○을 위한 것인지? 자신을 위한 것인지 답하시오.
ex) 2. Q: 두 명의 상사가 같은 지시를 내리면 누가 우선인가?
ex) 3. Q: 퇴근하자마자 갑자기 업무가 생기고 긴급 호출이 잦아진다면?
ex) 4. Q: 성실한 지원자, 창의적인 지원자 중 누굴 선호하겠는가?
ex) 5. Q: 물에 빠진 가족 중 한 명을 구해야 한다면?

위와 같은 질문의 유형을 접해 본 적이 있을 것이다.
앞서 등장한 고3 법칙을 적용하면 정말 궁금해서 질문한 것이 아닐 수도 있다는 확률이 발생한다. 또한 대부분의 지원자는 비교적 당연하고 뻔한 답변을 했을 가능성이 있다.

ex) 6. 두 명의 상사 중 누구의 지시가 우선이냐?
라는 질문에, 직급이 높거나, 먼저 지시를 내린 사람이거나, 공적 업무에 비중을 둔 상사의 지시를 따르겠다고 했을 것이다. 하지만 우리가 외면해선 안 되는 사항이 내 답변과 같은 답변을 누군가가 했을 수 있다는 것이다. 그러므로 같은 답변이라도 경쟁우위적인 답변에 비중을 두고 답변해야 한다.

ex) 경쟁우위적 답변

A: 네 충분히 있을 수 있는 일입니다. 만약 제게 그러한 지시사항이 내려진다면 저 또한 직급이냐, 지시의 규모냐에 의해 선택했을 수 있습니다. 하지만 제 몸이 둘이 아닌 하나이므로 일 처리는 하나씩 할 수밖에 없습니다. 그렇다 하더라도 두 분의 지시사항을 끝까지 완수하여 간과하거나 방치하는 모습이 되지 않도록 노력하겠습니다.

[14] 토의할 때 : 경제표공탕
(경청하기, 제스처, 표정, 공감하기)

1. 경제표공탕의 효능

주로 토의를 위해 활용되지만 기업에서의 아침 회의, 주주 간 회의 및 현황보다 더 나은 대안을 위한 아이디어, 혹은 시급한 대책 마련을 위한 자리에서 보다 객관적이며 현실적인 문제 해결을 목적으로 의견을 모으는 자리에서 효과를 발휘하게 된다. 흔히 말하는 주도권 경쟁에서 정면으로 대응하는 infight 스타일보다는 협업을 위한 추가적 대안을 제시해 나아가는 자세가 비교적 옳다고 볼 수 있으며 상호 간 대립 관계보다는 협력 관계적 구조를 갖는다.

2. 경청하기

경청술에 대해선 앞서 7번 경제발전탕에서 언급한 바 있으므로 추가적 내용만을 전한다.
뜬금없이 경청의 반대가 무엇이냐?라고 묻는다면 정답은 '멍청'이 된다.

傾聽=주의를 기울여 열심히 들음
멍청=온갖 잡념으로 인해 집중을 기대할 수 없는 모양이나 자세

토의할 때 기본적 마음가짐은 상대방 발언자들의 의견과 견해, 근거에 대해 최대한 집중해 주고 공감을 할 수 있어야 한다. 만일 자신의 의견과 불일치적 의견이 제시된다 하더라도 토론상황처럼 맞대응하는 것이 아니라 지혜롭게 완충해 나아가는 모습이 매우 중요하겠다.
그 이유로는 토의 집단은 그 자체만으로도 같은 목적을 지향하는 공동체적 성향이 우선이기 때문이다.

문제는 제아무리 참신한 토론 주제가 제시되고 즉시 해결해야 하는 중대한 사안이라 할지라도 결국은 사람이 하는 토의가 되며 사람이기 때문에 집중력은 한계가 나타나기 마련이고 이내 생리학적인 현상들이 나타나게 된다. 뇌에 산소량 공급이 결핍되어 하품을 할 가능성이 생기며 눈은 상대를 응시하고 있지만 생각은 잡념에 사로잡히게 되거나 참가자의 책임 의식이나 책임적 규모가 크지 않은 입장이라면 더욱 집중력을 기대할 수 없게 될 것이다.

프레젠테이션은 18분 이내에 끝내야 한다는 주장이 세계 곳곳에서 주장되는 가운데 인간의 집중력에 대한 불가항력을 서서히 수긍하는 분위기이다.

이러한 현상을 인지밀림현상(cognitive backlog)이라 한다.

주어진 혹은 제한된 시간 동안 발표나 토의가 완성되지 못하게 되면 경청자로 하여금 여러 정보들이 밀려나게 되고 머릿속이 복잡하게 되어 오히려 안 하니만 못한 의미 없는 시간이 될 수 있다는 현상이다.

반면 토의의 경우는 서로간의 발언권이 축구공 패스하듯 넘나들게 되므로 인지 밀림 현상으로부터는 더 안정적일 수 있지만 토의 참가자 내부에 지나친 주도권을 가진 참가자가 있거나 필요 이상의 발언을 남발하며 다른 참가자들의 소중한 시간을 간과하게 된다면 이 또한 멍~청한 모습의 인지 밀림 현상에 직면한 토론적 피해자들이 속출하게 된다.

그러므로 주제, 현안, 사례 등에 대해 참가자 전원과 역할을 분배할 수 있어야 하며 필요 이상의 시간을 제공치 않아야 하며 참가자 모두의 경청을 유지하기 위한 밸런스를 지켜 나아가야 한다.

3. 제스처

역시 앞선 프레젠테이션을 소개하던 경제발전탕과 중복될 수 있으니 추가적인 제스처에 대해 간단히 전한다.

일반적 프레젠테이션이나 설교, 연설 등에서 쓰이는 제스처와 토의를 할 때의 제스처는 크게 다르지 않다. 다만 차이점이 있다면 참가자들의 발언 모습은 서서 말하는 경우보다는 앉은 자세로 말하는 모습이 압도적이라 할 수 있다. 그러므로 제스처의 활용은 프레젠테이션 상황보다 더욱 작은 규모로 사용될 수 있다. 하지만 토의의 제스처는 앉은 자세라 하여 결코 가치마저 작아지는 것이 아닌 것이다.

프레젠테이션의 모습은 Q&A 시간 이전까지는 대부분 단방향적인 모습을 보이게 된다.

반면 토의는 간헐적인 발언 모습이 빈번하므로 양방향성 자세를 숙지해야 한다.

1) 양방향성 자세란?

자신의 발언 중 여러 경청자 중 정면이든 측면이든 그들을 의식하며 병행되는 제스처를 의미하고 주로 두 손이나 시선적 방향에 의해 만들어지는 제스처라 할 수 있다. 이 모든 제스처는 토의라는 정황상 '공감'을 위해 공감을 얻어 내고 공감한다는 메시지를 손짓, 몸짓으로 표현되어야 한다.

특히 주의해야 할 사항 중 대표적인 것은 전체가 아닌 개인 중 한 명을 가리킬 때 손바닥이 하늘을 바라보게 하고 손을 내미는 듯한 제스처가 바람직한 제스처가 된다.

만일 토의 중 상대방을 검지손가락으로 가리키는 것은 상당한 결례가 되므로 주의한다.

또한 상대방의 발언 중 일부 공감하는 내용이 제시되면 고개를 끄덕이거나 소리 없는 박수를 한 번 정도 해 주는 것도 상대방의 발언을 돕는 훌륭한 매너가 된다.

여러 국적의 얼굴들을 보면 우리나라 사람들의 유난히 굳어 있는 점을 알 수 있다. 물론 과거 20~30년 전에 비해 매우 개방되고 자유로이 소통하며 칠순 넘은 노인들이 양손으로 하트를 만들며 이야기하는 모습을 보면 매우 긍정적 모습으로 볼 수 있지만 아직은 덜 여유로운 모습이라 단언할 수 있다.

특히 안면 근육이나 눈썹 등이 그러하며 토의 과정의 상대방은 자신의 발언에 공감을 하는 것인지, 반감을 갖는 것인지 여전히 확신할 수 없는 모습이다.

지금보다 더 개방되고 더 자연스러우며 더 의식하지 않는 스피치 문화를 기대해 본다.

연습문제

거울을 보고 놀라운 표정, 공감하는 모션, 질문하는 자세(손바닥 하늘) 등의 간단한 연습을 통해 자신의 것으로 만들어 본다.

4. 표정

얼굴의 표정을 만들어 내는 것은 오직 사람만이 가능한 것일까?
그렇다? 아니다?
여러분의 생각은 어떠한가? 표정은 정말 인간들의 전유물인 것인가?
물론 지극히 개인적 주관이지만 인간 외 상당수의 동물들도 표정을 갖고 있다고 확신한다.
여러 가정에서 키우는 강아지&고양이가 그러하고 대부분의 영장류가 그러하다.

이렇게 표정을 가진 동물들(인간 포함)은 공통점이 있다.

그것은 최소한의 사회성을 가진 경우가 그러하다. 여러 직업 중 특히 감정 노동에 종사하는 서비스 인의 사례들을 접해 보면 주로 고객을 상대로 컴플레인, 안내, 문제 해결 업무를 맡게 된다. 만일 이들에게 사회성을 간과한 채 업무를 맡기게 된다면 결과는 불을 보듯 뻔한 결과가 된다. 수많은 면접장에서 질문을 해야 하는 면접관들이 찾고 있는 사항도 어찌 보면 사회성에 비중을 두고 있을 것이다.

이번 장을 쓰며 필자 역시 '밝게 웃어야 한다', '웃는 게 좋은 것이다', '밝아야 한다' 등의 단순한 메시지를 전할 수 있었다. 하지만 본원에서 수많은 회원들을 상대로 그들의 표정과 직업군에 대해 조사해 보면 흥미로운 결과가 나타난다. 직업군 중 연구직이나, 시설직 등 동료들과 소통이 적고 심지어 대화가 단절된 직업군의 경우 유난히 표정에 여유가 없었다. 또한 공부 이외엔 다른 사회적 활동이 없던 청소년들의 경우는 이른바 영혼 없는 얼굴들이 상당한 수를 보이고 있었다.

고로 표정은 인간의 사회성을 말해 주는 바로미터라 할 수 있다. 사회성이 부족한 사람들에겐 우선적으로 표정부터 훈련해야 하며 표정을 바꾸기 위해선 동시에 사회성을 키워 가야 하는 것이다.

표정에 의해 심리가 나타나고 심리에 의해 언어가 완성되며 언어에 의해 기회가 온다.

토의 현장도 마찬가지이다.

효과적인 토의를 위해 더 개방된 표정이 필요하다. 단순한 동의 의사를 보이는 것보다 수긍하고 인정하며 존중하는 표정을 지속적으로 보여야 한다.

사람의 심리상 자신을 주시하고 경청하며 공감하는 사람에게 더 많은 시선을 주게 되고 더 많은 호소를 하게 된다(특히 술에 취한 경우).

TV를 통해 인사를 나누는 세계 각국의 국빈들이 마주치고 인사하는 모습들을 보면 국가 간 갈등 관계가 무색할 정도의 밝은 인사와 악수를 하게 된다. 이 또한 잠정적 사회성을 위한 모습이라 볼 수 있으며 최대한 적대감을 보이지 않으려는 모습이 된다.

최근 우리의 토의 현장에서 각자가 보였던 표정은 어떻게 평가받고 있을까?

단순 주장과 협조? 주제에 대한 전문적 접근과 대안? 아니면 중장기적 사회성을 위한 노력?

표정을 만들자. 이왕이면 자유로운 표정을 만들자.

미국 디즈니 만화들의 표정이 자유롭고 리얼하며 보기 좋은 이유는 그림 그리는 작가들이 자신들의 모습을 거울을 통해서 그리며 동시에 웃는, 슬픈, 놀란 등의 얼굴을 만들어 내며 그 표정을 그림으로 담아내기 때문이다.

5. 공감하기

전제 조건은 같음에서 시작하여 생각이 같고, 이해가 같고, 방향이 같음을 의미하는 단어가 공감이 아닐까 생각해 본다.

토의가 한창일 때 누군가는 말이 없고 누군가는 너무 말이 많은데 그 사람의 직급이 높아 외면할 수 없는, 무시할 수 없는 상대라면 자의반 타의반으로 공감 아닌 공감을 해야 하는 것이 우리네 직장 생활일 것이다.

본디 말이란 것은 아무리 열심히 말해도 듣는 이가 없다면 의미가 없는 것이다. 듣는 이가 있다 하더라도 이해하지 않는다면 이 또한 의미가 없게 되며, 이해를 했다 하더라도 결국은 적용시키기 위한 것이 토론의 목적일 것이다. 이 과정에 토의 구성원 간의 밸런스가 유지되지 않는다면 이는 처음부터 의미가 없는 토론이 된다.

토론의 종류 중 원탁 토의라는 것이 있다. 토의에 원탁이 등장했다는 것은 참으로 의미가 크다 하겠다. 지위고하를 막론하고 다중적 입장에서 다중적 의견을 듣고 다중적인 대안을 만들어 적용하려는 의도가 원탁 토의의 목적이 된다.

만일 여러분의 직장 내부의 토의 시간에 상대적으로 높은 직위의 간부가 토의를 이끌고 각자 조심스럽고도 너무 조심스럽게 주장들을 덧붙여 나아간다면 이는 토의의 기능을 기대하기 어렵게 된다.

그 또한 당연한 것이 우리 사회 곳곳에 뿌리내린 독재 문화들의 잔재에 의해 수평적 구조가 필수적인 토의마저 독재적 환경에 억압당하는 것이라 해석한다.

회식 문화, 군대 문화, 직장의 상명하복 문화 등 구성원 개개인의 의사와 역량이 고스란히 사장되는 환경에선 참신한 토의적 성과를 기대할 수 없는 것이다.

아이들 교육에 눈높이 교육이 있듯이 비즈니스 환경에서도 서로간의 눈높이를 맞춰 가야 하며 그렇게 자유로운 소통의 공간에선 토의의 성과 또한 매우 다양하고 참신한 아이디어와 대안들이 속출하게 된다.

지금 우리 직장은 토의인가? 단순 공지인가? 이 주제를 놓고 본격 토의를 해 보자.

[15] 생각두절 : 구구단법탕
(공백을 줄여 가는 기법)

1. 구구단법탕의 효능

상담, 면접, Q&A, 토론 등등 곳곳에서 유용하게 사용된다.
갑작스러운 상대방의 질문에 적절한 답변이 생각나지 않는 경우이거나, 전체적인 취지는 알겠으나 표면적인 의도를 이해하지 못한 경우, 특히나 그러한 상황에 묵언수행 하듯 침묵을 유지해선 안 될 모든 상황에 골고루 적용할 수 있다.

사실상 반사적인 신경에 의존해야 하는 경향도 있겠지만 최소한의 언어로 하여금 위기를 극복할 수 있는 방어수단용 언어의 일종이 된다.
마치 골키퍼가 문전에서 반사적이고 필사적인 움직임을 하여 실점을 막아 내는 듯한 형국과 유사함을 보이고 있으므로 평소 반사 신경과 언어적 순발력을 동반 훈련해야 한다.

스피치 학원을 운영하다 보면 참으로 많은 유형의 회원들을 만나게 된다.
낭독 공포로 고생하는 유형, 사회 공포에 의한 고통을 호소하는 유형, 면접에서 아무런 답변을 못 하게 된 자신에게 실망한 유형, 최근 발표 경험 중 치명적인 실패로 인해 정신적 트라우마를 안고 사는 유형 등 그 사연도 각양각색이다.

만약 이 모든 상황에 구구단법탕을 활용한 사례가 있다면 이전처럼 그냥 앉아서 당해 버리는? 모습은 재현되지 않았을 것이다.

여기서 잠깐!! 구구단법의 구구단이란?

우리가 어릴 적 운율을 넣어 가며 노래하듯 암기했던 그 구구단을 말한다.

만약 누군가가 당신에게 뜬금없이 '육 곱하기 육은 얼마지?'라고 묻는다면 여러분의 머릿속엔 옛 추억 속의 운율이 떠오를 것이다. '육~육에~삼십육'. 그냥 36만 떠올려도 되는데 그 답변의 정확성을 위해 반사적이고도 자연스럽게 앞의 6×6을 떠올리거나 되새기게 된다.

스피치가 그렇다.

갑작스러운 상황에선 더더욱 그러한 상황이 만들어지므로 반사적인 답변과 반사적인 수긍 언어를 자신의 신체 일부처럼 익혀 둘 필요가 있겠다.

ex) 면접의 경우는?

Q: 책임감을 발휘해 본 사례가 있나?라는 질문에

1. 있습니다.
2. 없습니다.
3. 네, 책임감을 발휘했던 사례를 말씀드리겠습니다.

위의 세 가지 중 몇 번의 답변이 안정적인 답변으로 이어질 가능성
으로 보이는가?

물론 있다 없다 단답형 답변을 해야 할 경우도 있겠지만, 3번이 질문
을 받아들이는 동시에 그 찰나에 자신이 책임감을 발휘했던 사례와 더
불어 귀사에서 책임을 다할 수 있다는 주장마저 이어지기가 용이하다.

다음으로는 프레젠테이션의 막바지 상황인 Q&A로 가 본다.

ex) Q&A의 경우는?

"이상 준비된 프레젠테이션을 마치도록 하겠습니다.
경청해 주신 여러분께 진심으로 감사드립니다.
그럼 지금부터 Q&A 시간을 갖도록 하겠습니다. 궁금하신 사항이나
이해가 어려우신 부분에 대해서 질문 받도록 하겠습니다."

Q: "발표 잘 들었어요. 아주 준비를 많이 했군요. 헌데 경쟁사도 이
　　사실을 알고 있지 않겠습니까?"

1. 아닙니다. 그렇지 않습니다.
2. 물론 경쟁사도 알고 있을지 모릅니다. 하지만….
3. 네, 충분히 있을 수 있는 일입니다. 그래서….

만약 위의 1.의 경우라면 발표자에게 다시 질문하는, 즉 대상자가 두
번 말해야 하는 번거로움이 생기는 동시에 발표자에 대한 신뢰감은 서
서히 금이 가게 될 것이다.

또한 2.의 경우는 구구단법을 적용했다 할 순 있겠지만 이후의 답변이 변명으로 이어질 확률이 생기게 되므로 일부는 옳고 일부는 그르다.

3.의 경우는 대상자의 질문을 흡수하듯 수긍하는 자세를 보인다. 또한 즉시 대안을 제시하겠다는 자세마저 내포하고 있다. 이 짧은 시간에 적용되는 기법이 구구단법이라 하겠다.

마치 장기를 둘 때 상대방의 움직임을 한 수 한 수 예측하고 있는 모습이 되며 이러한 자세는 P.T나 면접뿐만 아니라 일반적 상담에서도 빛을 발휘할 수 있게 된다.
말과 말 사이에 공백이 흐르거나 침묵이 흐르는 경우 그 한계시간을 3초로 두고 있다.
그러므로 서로 간의 공백을 채울 수 있는 감각을 우선적으로 키워야 하는 것은 물론이고 본 발표나 답변, 상담 시에 상대방의 동선을 미리 파악하는 성실함 또한 갖춰야 하는 것이다.
축구 선수들이 상대방에게 공을 빼앗기지 않기 위해 여러 가지 현란한 드리블을 하는 모습과 같다고 볼 수 있으며 적절한 패스의 시기, 슈팅을 하게 될 타이밍을 찾는 모습과 크게 다르지 않다.
아시다시피 멀리 보지 못하고 머뭇거리고 멈춰 서게 되면 공을 빼앗기는 것은 시간 문제이다.
공을 빼앗기지 않아야 하듯 자신을 위기로 몰아넣지 않아야 하겠으며 그러한 대표적 언어가 바로 구구단법이라 칭할 수 있다.

[16] 낭독 공포 : 칭박탕
(칭찬+박수=자유)

  우리말 우리 속담 중 잘한다 잘한다 하면 더 잘한다 했듯이, 우리의 가족, 지인, 동료들의 발표 능력은 사실상 우리 자신에 의해 만들어진다 해도 과언이 아닐 것이다.

  평소 장난기 없던 친구들도 친한 친구 여럿이 함께라면 더 밝아지는 성향들을 확인할 수 있다. 혼자일 땐 많은 것을 의식하다가도 뜻을 함께하는 즉, 의존할 수 있는 버팀목이 확인되는 순간 자유롭고 용감해지기까지 한 모습들을 접해 보았을 것이다.

  자신이 자유롭고 자신이 경계할 요소가 없다는 것을 무의식적으로 확인되는 순간 평소 모습보다 오버?하는 모습들이 나타나는 것도 이번의 칭박탕과 상관관계가 깊다.

  낭독 공포는 그들만의 문제가 아니었고 우리들의 문제가 될 수도 있었다는 결론이다.

ex)
  지난 1992년 실제 있었던 필자의 경험을 이야기해 본다.
  우리의 학교생활에서 흔한 광경 중 하나는 선생님이 시켜서 일어나는 상황이 많다.

특히 국어 시간에는 책 읽기, 영어 시간에는 독해하기, 그리고 수학 시간엔 칠판 앞에 나가서 문제를 풀어야만 했다.

필자는 신 씨 성을 가졌으므로 가나다순으로 배열하면 언제나 19~27번 사이의 번호를 갖게 되었고 이러한 모습은 앞쪽의 박 씨 성을 가진 친구들이나 뒤쪽의 이 씨 성을 가진 친구들도 예외는 아니었다. 즉 한 달이 30일이니까 언제나 불리는 학생들이 자주 호명되는 것이었다.

그날도 여느 때처럼 쉬는 시간에 뛰놀다 헉헉거리고 교실로 들어서게 되었고 선생님으로부터 공포의 번호 호출이 있었다. 하지만 그날은 22일이었고 22번 학생은 결석이었다. 그러자 선생님은 반사적으로 23번을 호명하여 책 읽기를 시키게 된다. 이때 일어선 학생이 바로 이상철(대역, 가명) 군이었다. 그가 갑작스러운 상황에 책을 읽으려니 평소보다 더 더듬고 발음도 부정확하며 호흡 처리도 엉망인 동시에 얼굴도 빨갛게 변하며 상기된 얼굴로 열심히 책을 읽던 것으로 기억된다. 그렇게 겨우 낭독을 마치고 자리에 앉은 상철 군을 보았을 때 그 친구의 얼굴은 수치심으로 가득해 보였다. 이후 선생님의 말씀은 그 친구를 더욱 힘들게 했다. "넌 고등학생이 그것밖에 못 읽나? 앙!! 한글 미해득자니?" 이 말에 주변 친구들은 키득거리기 시작했고 그 상철이 친구는 정말 쥐구멍이라도 찾을 듯한 표정이었다.

하지만 문제는 그 이후부터였다.
전과 같은 상황을 마주할 때 상철 군이 그 이전보다 심하게 떠는 것을 볼 수 있었고, 심지어 정말 한글 미해득자가 되어 버린 듯한 울먹임의 낭독으로 주변을 안타깝게 했다.

그 모습을 보다 못한 필자는 어느 날 그 친구와 독대를 하게 되고 한글을 못 읽는 것이 아닌 심리적 부담감에 의해 나타나는 현상이란 증언을 얻어 낸다.

세월이 지난 오늘날 스피치 학원을 운영하며 비슷한 사례와 비슷한 모습의 사람들을 만나고 있다. 낭독공포에 대한 긴장감과 두려움은 여러 가지 훈련법이 있겠지만, 가장 확실한 방법을 공개하자면 목차와 제목에서 소개된 칭찬과 박수가 최고의 처방전이었다.

* 낭독 공포자는 한글을 충분히 읽을 수 있었다. (전제 조건)
* 낭독 공포자는 경청자들을 상대로 심히 의식하고 있었다. (개인차)
* 실수/실패했던 경험적 사례로부터 자유롭지 못했다. (상철 군의 경우)
* 낭독 공포는 주변인들의 작은 반응에 매우 민감하다.
* 치료자(강사)는 낭독자와 경청자 사이의 메신저 역할을 해야 한다.
* 자신의 능력은 높낮이를 떠나 인정받고 있다는 것을 인지시켜야 한다.
* 치료자는 작은 것 하나라도 정성껏 칭찬하며 낭독 자체의 경계심을 풀어 주어야 한다.
* 낭독자가 두려워하는 상황을 직면하면 맨투맨 동기 부여를 반복할 필요가 있다.
* 청자들이 모여 있는 자리에서 공개적인 박수를 받을수록 좋으며 반복해도 좋다.
* 낭독으로 그치는 것뿐만 아니라 공개적으로 자신의 입장을 발언한다.

'노병은 죽지 않는다. 다만 사라질 뿐이다'라는 명언을 남긴 맥아더 장군은 어린 시절 대단한 개구쟁이였다고 전한다. 통제 불능 개구쟁이를 세계적인 장군으로 만든 것 중 하나는 할머니의 칭찬에서 시작되었다고 한다. "넌 군인의 기질을 타고났구나. 이다음에 훌륭한 장군이 될 거야." 할머니로부터 이러한 칭찬을 받은 맥아더 장군은 노르망디, 한국전쟁 등에서 눈부신 활약을 하게 되었다. 한마디의 칭찬이 사람의 운명도 좌우할 수 있는 것이다.

지금 우리 곁에 누가 있는가? 그들에게 한마디의 칭찬이라도 해 보자. 아니, 습관적으로 좋은 점을 바라보고 칭찬을 해 줘야 한다. 당신도 누군가의 인생에 지대한 공헌을 할 수 있는 것이다.

칭찬의 방법들

* 지금 즉시 칭찬한다.
* 구체적으로 칭찬한다.
* 먼저 칭찬한다.
* 매 순간 칭찬한다.
* 진심으로 칭찬한다.

[17] 무대 공포 : 독백근절탕
(자아의식으로부터 해방을!)

수수께끼

* 어른들보다는 아이들이 잘 먹는 것
* 남자보다는 여자가 잘 먹는 것
* 낮 시간보다는 밤 시간에 잘 먹는 것
* 여럿이 있을 때보다 혼자 있을 때 잘 먹는 것

정답은 [겁]

1. 독백근절탕의 효능

일상을 살아가며 자신의 경험에 의해 크고 작은 성과들이 있었을 것이다.

어떤 일은 훈련 한번 없이 되는 일이 있는가 하면 또 어떤 일은 아무리 해도 성과가 나타나지 않는 일도 있기 마련이다. 사람들은 축적된 경험을 바탕으로 자신의 재능들을 스스로 신뢰하기 마련이고 그러한 현상과 마음가짐을 '자신감'이라고 부르게 된다.

자신의 능력 그 자체만으로도 못 해낼 것이 없다는 것을 알고 있으면서도 아직 일어나지도 않은 여러 상황을 스스로 만들어 내고 스스로 두려움을 갖게 된다. 정도의 차이가 있을 뿐 이것은 자연스러운 것이란 전제 조건을 내밀어 본다.

그럼 이번 독백근절탕을 통해 사실상 겁을 상실하는 효과를 기대해 본다.

필자는 종교가 없다.
하지만 종교를 가진 친구들은 많다. 종교의 존재에 대해 옳고 그름을 논하겠다는 것이 아니므로 오해가 없길 바란다.
인류는 진화와 진화를 거듭하여 오늘날에 이르렀다. 농사를 짓고, 학습을 하며, 공유를 하고, 대책과 대안을 갖는 자세도 보인다. 인류 역사적으로 크고 작은 사건과 상황들은 결국 인류를 공생&상생의 미학을 깨닫게 했을 것이다. 물론 동물의 왕국을 보면 얼룩말과 기린도 그러하고 악어와 악어새들도 공생을 하며 생존한다. 인류가 만물의 영장이라 불리는 것은 이 시점부터가 기준이 아닐까 한다.

바로 '윤리'가 등장하게 된 것이다.
서로 간의 규칙들이 생겨나게 된다. 보이는 약속이든 보이지 않는 규칙이든 서로 간 지켜져야 하는 윤리와 덕목들은 이내 '사회성'이란 특성으로 진화되며 본격적인 의식의 진화 단계로 구분할 수 있게 된다.

이렇게 사회성을 기반으로 기틀이 잡혀 가는 원시 인류는 보다 더 현명한 지도자가 필요했을 것이며 외부의 여러 위험들(천재지변, 위험한 동물, 주변 다른 집단)로부터 우리를 지켜 줄 지혜와 용기와 전략과 안정을 제공해야 하는 매우 부담스러운 위치적 지도자들이 탄생하게 된다.

 허나 인간의 능력이란 것은 참으로 위대한 것이 사실이지만 결코 완벽할 순 없었을 것이다.
 고로 인류를 이끄는 곳곳의 여러 지도자들은 더욱 절대적이고 강력한 리더십을 아쉬워했을 가능성들에 의해 자신들의 능력을 초월한 존재를 창조?했을 것으로 본다.

 오늘날 인류가 믿고 따르는 신들의 공통점은 전지전능함은 기본이고 서로가 서로에게 사랑과 봉사, 자비를 깨우쳐 주고 있다. 참으로 흥미로운 현상이라 할 수 있는 것이 세계 곳곳의 지형이 다르고 환경이 다르고 언어와 문명은 제각각이지만 신들이 추구하는 마음은 크게 다르지 않다.

 만약 우리가 믿고 따르는 신의 존재가 자비, 사랑, 봉사, 신뢰 등이 아닌, 미움, 타락, 권모술수 등을 행하라 한다면 이는 신이 비정상이든 인간이 비정상이든 뭔가 잘못되어도 분명 잘못된 모습이 될 것이다. 인종과 역사와 언어, 문화는 달라도 모든 인류가 추구하는 것은 정신과 육체의 안정과 평화라는 공통분모에 모여든다는 점을 인식하여야 한다.

 이렇듯 인류는 원시시대부터 현재 이 시대에 이르기까지 결코 벗어나지 못하는 것이 있었으니 그 마음이 바로 미래에 대한 두려움이라는 것이다.

자신의 진로가 두렵고, 경쟁이 두렵고, 건강이 두렵고, 사회가 두렵고, 기타 등등이 두렵고.

그렇게 두려운 마음을 의지하는 차원으로서의 종교는 어쩌면 매우 필요충분조건이 될 수 있다. 하지만 우리 스스로의 능력도 전지전능한 신들의 능력 못지않음을 감히 주장해 본다.

대부분의 공포는 스스로 만들어 낸다. 그러므로 그 공포의 규모는 자신이 설정한 것이 된다.

상상력이 뛰어날수록 혹은 풍부할수록 더 큰 공포를 만들 수 있게 된다.

스피치 상황과 환경도 이와 다르지 않다.

자 이제 본론으로 진입해 본다.

2. 독백

독백이란 모놀로그(monologue) 연극 용어로 무대 위의 주인공이 홀로 말하는 것이다.

이야기 속의 갈등 관계는 물론 자신의 입장과 깨달음, 반성, 확신 등 관객들을 상대로 중얼거리며 많은 정보를 직/간접적으로 전하고 있다.

스피치를 어려워하고 말하기 자체를 두려워하는 사람들의 공통점 중 하나가 바로 독백에 능하다는 것이다. 면접 준비를 하는 지원자의 모습에서, 프레젠테이션을 앞둔 발표자의 모습에서 곧 사회를 진행해야 하는 MC의 모습 등에서 이러한 독백 현상을 감지하게 되었다.

물론 이들은 무대 위의 배우처럼 소리 내어 입장을 말하지 않았다. 아니 자신들의 독백 현상을 인지하지 못한 경우도 상당히 많았다.

주로 표정과 시선을 통해 나타나는 이 현상에 대해 강사 신분으로 넌지시 질문해 보았을 때 스스로 자신에게 암시를 주듯이 독백을 했다고 인정한 사례는 상당수에 달한다.

이들은 결국 자신을 공포의 도가니탕에 스스로 빠뜨리고 있었으며 이러한 자가 유도 현상을 인지하는 모습들이 외면한 채 불편하게 살아왔던 것이다.

독백의 주요 내용인즉,

"난 왜 이러지?"
"또 이러네… 큰일인데? 아… 어떡해.. 또 망치겠지…."
"난 되는 게 없어… 늘 그랬으니… 오늘도 별 수 없을 듯…."
"될 리가 없지… 안 된다고 하고 포기해 버릴까? 나중에 할까?"

등등등등.

자신의 생각에 의해 만들어지는 독백이기 때문에 자신의 마음을 고스란히 따르게 될 가능성이 농후하다. 여기서부터(독백으로부터) 자유로울 수 있어야 하며 심지어 근절시킬 수 있는 과감한 훈련들이 필요하며 그것을 자기 암시라고 칭한다.

예를 들어 평소 어두운 지하 주차장에 밥 먹듯 들락거리다가도 공포영화나 특정 매체에 의해 경계심이 극도로 예민해진 경우 평소와 다른 마음가짐이 되고 이러한 마음은 자신을 공포의 위기로 몰아넣게 된다. 이때 가장 위험한 상태는 자신이 자신에게 자신을 자신으로 하여금 독백을 해 가며 공포적 암시를 하게 되는 경우에 극도의 공포를 맛보게 된다.

어두운 주차장…. 지금 어쩌면 내 뒤에 누군가가 가깝게 붙어 따라온다… 뒤돌아보면 바로 뒤에 있을지 모른다… 누가 지금 날 지켜보고 있다… 어쩌면 지하 주차장 전기가 갑자기 정전되어 어둠 속을 걸어야 할지 모른다… 큰일이다… 어디에 도움을 청해야 하지? 어디로 도망쳐야 하지?? 등등 지속적 독백을 해 대고 있을 것이다. (부정적 독백의 사례)

공포를 스스로 만들 수 있듯, 안정과 평정도 스스로 만들어 낼 수 있다.

* "좀 어둡군… 태양이 지구 반대편에 위치했나 보군… 가시광선 투과율이 떨어진 상태군."
* "어둡고 답답하지만 이건 오직 빛이 없을 뿐이지…."
* "귀신 생각? 겁나지 않냐고? 먹고살기도 바쁜데 그것들 걱정까지 해야 하나?"
* "내일 다시 와야지." (긍정적 독백의 사례)

인간의 본능적 측면으로 공포로부터 자유롭기란 사실상 어려울 것이다.

점쟁이가 자기 죽을 날 모른다 했듯이 앞으로의 사건들을 두려워하는 것은 당연하다.

그래서 훈련이 필요하고 훈련은 도전의 연속이어야 한다.

결국 희망하는 것을 가질 수 있게 되고 본인 스스로가 된다는 것을 누구보다 먼저 알게 된다. 생각하면 생각하는 대로 말하면 말하는 대로 자신의 뜻을 이룰 수 있게 된다.

한 나그네가 마법의 섬에 표류하게 된다.

이 섬은 마법의 섬이다. 원하는 모든 것들이 즉시 이루어지는 대박 섬이다.

자다 일어난 나그네가 "아, 목말라. 체내에 흡수가 빠른 알칼리성 이온 음료가 마시고 싶군."

하고 말하자 시원한 음료수 캔이 떡~~ 하고 나타났다.

나그네는 '아니 이럴 수가!! 내가 원하는 대로 되잖아!!' 하며 즐거워하다가,

"가만, 내가 이거 귀신한테 농락당하는 거 아냐?!!" 하는 순간,

귀신이 떡~~~ 하고 나타났다.

나그네는 이렇게 말해 버린다.

"아이고, 난 이제 죽었구나!!"

그 후 나그네는 떡~~~~ 하니 죽어 있었다.

우리의 인생. 어쩌면 말로 죽고 말로 사는 것은 아닐까? 독백근절, 독백근절.

[18] 불리한 질문 : 인반확공탕
(인정, -반전, -확신, -공감)

1. 인반확공탕의 주요효능

발표자의 입장과 면접 지원자의 입장 중 공통적인 입장이 있다.
자신의 발언 이후 유난히 불리함을 가진 부문에 대해 질문 받기가 꺼려지고 말하기 곤란한 부분이 있기 마련인데 이러한 여러 핸디캡 질문에 대해 공백이 발생되지 않으며 동시에 순발력을 발휘할 수 있게 되며 오히려 불편했던 이전 상황보다 더 친화적 결과를 만들어 낼 수 있는 효능이다. 이 시대를 살아가는 모든 발표자들에게 전한다.

ex) 1. 면접의 경우
모든 지원자의 흔하고 일부 공통적인 핸디캡들이다. 만약 실제 면접장에서 이러한 질문을 받게 되었다면 무엇이 최선일까? 또한 자신이었다면 어찌 답변을 했겠는가?

* 나이가 많거나 적다.
* 업무 경험이 적거나 없다.
* 전공과 다른 분야를 지원했다.

* 청렴성을 위반한 사례가 있다. (공무원의 경우)
* 성적이 너무 낮다.
* 공백 기간이 길다.
* 우리말이 서툴다. (유학파의 경우)
* 봉사활동 경험이 없다.
* 체력이 외소하거나 너무 약한 몸이다.
* 과체중이거나 거구에 가깝다.
* 정기적인 약물을 복용해야 한다.
* 직장과 거주지의 거리가 너무 멀다.
* 복수지원 상태이다.

 면접 질문의 경우는 상당수가 예측할 수 없는 질문을 받을 가능성이 높지만 위와 같은 핸디캡 질문은 사실상 충분히 예측하고도 남는 질문의 유형이 된다. 그러므로 틈틈이 준비하여 위기를 기회로 바꾸는 면접 상황을 연출해 본다.

 단!! 거짓증언은 있어서도 안 되며 있을 수도 없어야 하며 오직 진정성에 입각하여 답변을 구사한다. 그것이 가능하냐고 묻는다면 얼마든지 가능하다고 답변한다.
 인정이란 그런 것이다. 질문과 답변 중 의혹에 의혹이 꼬리를 무는 모습보다는 자신의 핸디캡이 왜 필요충분한지에 대해 설득할 수 있고 설득해야 하고, 설득하고 있다면 그 모습만으로도 노력, 객관성, 위기대처능력, 과감성 등으로 평가 받기 때문이다.
 일종의 노선을 정리한 답변이므로 실제 상황에 적용하기엔 일부 부적합할 수 있겠다.

고로 원리를 이해하고 자신의 핸디캡을 사전에 정리해 둘 것을 당부한다.

그럼 위의 질문 리스트 중 일부의 답변들을 제시하며 숙지를 위한 노선을 훈련해 본다.

절대적인 답이 될 수 없으므로 원리를 파악하는 데 중점을 둔다.

ex) 1-1. 일반적 상황

Q: 사회적 경험이 너무 적은 것 아닙니까? 경력이 너무 부족하군요?

A: 졸업한 지 얼마 안 됐고 아르바이트도 경쟁률이 높다 보니 경력이 부족합니다.

ex) 1-1. 인반확공탕 적용

Q: 사회적 경험이 너무 적은 것 아닙니까? 경력이 너무 부족하군요?

A: 네, 그렇습니다. 제가 경력이 부족한 것은 사실입니다. (인정)
하지만 업무 경력이 없으므로 전 그 누구보다 더 많은 일을 하고 싶습니다. (반전)
제 사회경력의 시작을 이곳 ○○○○에서 시작하고 싶습니다. (확신)
그래서 노력의 가치와 실체를 훗날 동료와 고객들에게 인정받아 내겠습니다. (공감)

ex) 1-2. 일반적 상황

Q: 성적이 너무 낮은 이유가 무엇인가?

A: 굳이 변명드리면 동아리 활동 및 대외적인 활동을 주로 하여 성적이 저조합니다.

ex) 1-2. 인반확공탕 적용
Q: 성적이 너무 낮은 이유가 무엇인가?
A: 네, 면접관님. 성적이 낮은 것은 사실입니다. 이 점에 대해 변명하지 않겠습니다. (인정)

학부 생활보다 대외활동과 동아리 활동에 비중을 둔 결과로 보입니다. (반전)

그러므로 같은 업무라도 외근직에 더 많은 소양을 보일 수 있습니다. (확신)

이처럼 글로벌 시대에 시대가 요구하는 인재로 평가받겠습니다. (공감)

ex) 1-3. 일반적 상황
Q: 봉사활동 경험이 부족하군요?
A: 네, 봉사활동을 많이 하진 못했지만 앞으로 직장 생활 하며 봉사활동도 병행하겠습니다.

ex) 1-3. 인반확공탕 적용
Q: 봉사활동 경험이 부족하군요?
A: 네, 맞습니다. 제 봉사활동 시간은 다른 지원자 대비 현저히 부족합니다. (인정)

그렇지만 제가 생각하는 봉사활동은 자발성에 비중을 두고 있습니다.
저 또한 스펙을 위해서라면 봉사활동 시간을 얼마든지 채울 수 있었습니다. (반전)
이와 같이 진짜 봉사활동은 스스로 돕겠다는 마음이 앞서야 한다고 생각합니다. (확신)
앞으로도 모든 고객들께 한결같은 봉사심으로 따뜻하게 임하겠습니다. (공감)

ex) 1-4. 일반적 상황
Q: 거주지의 거리가 너무 멀군요.
A: 현재 ○○○시에 살고 있습니다. 일하게 되면 가까운 거리로 이사 올 것입니다.

ex) 1-4. 인반확공탕 적용
Q: 거주지의 거리가 너무 멀군요.
A: 네. 그렇습니다, 면접관님. 저는 현재 ○○○시에 거주합니다. (인정)
하지만 오늘 이 면접장까지 불과 ○○분 만에 올 수 있었습니다. (반전)
평소 한 시간 먼저 준비하고 먼저 행동하므로 거리와 시간은 문제가 되지 않습니다. (확신)
면접 후엔 부동산을 방문할 예정입니다. 이동시간마저 줄여야 하기 때문입니다. (공감)

ex) 2. P.T의 경우

본 교육원 우수 회원님이신 권모 회원님의 실제 사례에 의하면 P.T에서 가장 신경 쓰이고 불편한 사항 중 하나가 바로 시간조절이라는 것이다. 주어진 시간은 한계가 있고 전해야 하는 내용은 참으로 방대한 양인데 이 짧은 시간 동안 무엇을 전하고 어떻게 설득하며 어떻게 마무리를 지어야 할지에 대해 매 순간 고민이 된다는 것이다.

P.T 프로그램은 일반적 발표력 증진을 위해 경험치를 키워 나가는 방법도 적절한 방안이 될 수 있겠지만 큰 폭으로 보았을 때 무엇을 더 할 것인가, 무엇을 뺄 것인가부터 시작을 해야 한다.

이를테면 발표력은 타고났지만 시간조절을 못한 프레젠터라면 듣는 이들로 하여금 피곤함을 유발하게 될 것이다. 맞는 주장, 옳은 소리도 정도가 지나치면 안 하느니만 못하게 된다.

또 내용은 참으로 알차고 발표자 자체가 박학다식한 콘텐츠 덩어리라 간주한다 할지라도 전달하는 발표자의 목소리가 웬만한 집중력으로는 듣기가 힘든 작은 목소리라면 이 또한 의미 없는 프레젠테이션이 될 수 있다.

그동안 강사 생활을 하며 여러 유형의 발표자들을 접해 보았다.

그들 가운데 '누가 표준이다'라고 선정하긴 힘들지만 정말 좋은 점을 골고루 갖춘 발표자들의 장점만을 한곳에 모은다면 어떨까? 하는 황당한 생각도 가져 본다.

(8번 가개탄방탕 참조)

이렇게 쉽지 않은 것이 프레젠테이션인데 이보다 더 큰 스트레스를 주는 시간이 있다.

바로 Q&A 시간이다.

말이 Q&A지, 어느 기업은 마치 청문회보다 더 격앙된 분위기로 발표하기도 한다.

프레젠터의 실력이 사실상 빛을 발휘할 절호의 시간이기도 한 Q&A 시간에 인반확공탕을 사용하면 어떨까 한다.

실제 프레젠테이션은 대부분 30분 전후라고 수많은 회원들이 증언했다.

하지만 필자의 생각은 매우 혼란스럽다. 30분이란 시간 동안 P.T를 하며 Q&A까지 마쳐야 한다는 것이 과연 실효성을 기대할 수 있겠는가? 하는 의문에 봉착한다.

아무리 유능한 발표자, 명강사라 하더라도 그건 그들의 문제이지 청중들의 입장에서 보면 얘기가 달라진다. 즉 이들의 집중력은 한계가 있을 것이며 그 한계점을 넘어드는 순간 해당 발표는 의미가 상실된 발표가 될 수 있기 때문이다.

또한 시간 대비 자료는 너무 많은 것이 보통이다. 자료 한 번 보여주는 데 30초에서 1분만 소비해도 30분은 그냥 흘러갈 것으로 계산이 나와 버린다.

그래서 P.T는 과감히 버리는 것도 매우 중요하다. 전달해야 하는 정보 중 중요하지 않은 것은 사실상 없으므로 발표 내용의 무게중심을 오히려 청중들의 집중력에 무게를 두어야 하며, 혹여 지나친 자료에 연연하지 않고 이후의 Q&A에서 기다린 듯 당당하게 마주칠 수 있어야 한다.

ex) 2-1. 흔한 프레젠테이션 Q&A

* 그런 것들은 이미 다 해 본 겁니다.
* 우리 경쟁사 B사도 이러한 전략을 펼치지 않을까요?
* 물론 지금 시기엔 적절하겠으나 3년 후에도 이러한 전략이 통할까요?
* 시장 분석을 잘못하신 듯하군요.
* 앞서 설명한 (   )에 대해 다시 한번 정리해 주시죠.
* 향후 고객들의 트렌드 변화를 어찌 예상해야 한단 말입니까?
* 발표자는 (   ) 업무를 해 본 경험이 없다는데 사실입니까?
* 만약 자신이 CEO라면 이 문제를 해결할 방도가 있겠습니까?
* 해당 발표를 토대로 가장 적격의 부서는 어느 부서라고 판단했나요?
* 그런 것은 시나리오일 뿐 현실은 달라요.
* 예상할 수 있는 시나리오와 그에 따른 리스크에 대해 설명해 보세요.

ex) 2-2. 일반적 상황

Q: 그런 것들은 이미 다 해 본 겁니다.
A: 네, 알고 있습니다. 하지만 더욱 추진해야 한다는 판단으로 더 강행되어야 합니다.

ex) 2-2. 인반확공탕 적용

Q: 그런 것들은 이미 다 해 본 겁니다.
A: 네, 맞습니다. 저 또한 이 사실을 인지하고 있으며 회사 측에서 수차례 시도했던 모습을 지켜보고 있었습니다. (인정)
하지만 성과가 눈앞에 직면되어 있으며 전년 대비 그 가능성은 더욱 높아 가고 있습니다. (반전)

그러므로 현재로썬 중단할 것이 아니라 오히려 박차를 가해야 할 때라고 생각합니다. (확신)

열 번 찍어야 하는 나무처럼 한 번의 도끼질을 포기하기엔 아직 확률이 있습니다. (공감)

ex) 2-3. 일반적 상황

Q: 시장 분석을 잘못하신 것 같군요?

A: 네, 죄송합니다. 나름대로 준비했다고 했는데 미흡했나 봅니다. 죄송합니다.

ex) 2-3. 인반확공탕 적용

Q: 시장 분석을 잘못하신 것 같군요?

A: 네, 말씀드리기 송구하지만 시장조사가 완벽할 수는 없었습니다. (인정)

하지만 제가 전해 드린 현황 사항에 대해선 틀림없는 사실입니다. (반전)

또한 현재 시장의 과거 3년 전 대비 현재의 변화적 추이를 조합해 보면 향후 변화 추이를 예상해 볼 수 있습니다.

이는 제 주관과 더불어 빅 데이터를 통해서도 확인되는 사항입니다. (확신)

그러므로 시장조사는 미흡할 수 있었지만 향후 전망에 대해선 손바닥 보듯 예측할 수 있습니다. 믿고 맡겨 주시기 바랍니다. (공감)

다소 오해의 소지가 있을까 하여 추가적인 설명을 드리자면 인반확 공탕의 논리 방식이라 해서 무조건적 결과를 가져올 순 없을 것이다. 이는 마치 레이업 슛을 시도하는 것과 같아서 드높은 확률에 의한 논리가 되는 것이다. 또한 프레젠터 자신이 갖춰야 하는 심리적 옵션에 해당되는 부분이므로 이에 따른 감각을 키우는 것이 우선 중요하다. 무조건적인 논리만을 적용하여 기대를 하게 되면 오히려 부작용?을 초래할 수 있기 때문이다. 해당 TIP은 군용 작계5027과 같은 개념으로 이해하는 것이 적절하다. 전투 준비 태세 훈련을 하듯 프레젠테이션 리허설을 충분히 해야 하는 이유가 되겠다.

뜬금없는 연습문제
위의 제시된 흔한 프레젠테이션 Q&A 중 하나를 선택하여 직접적으로 답변해 보자.

[19] 스토리텔링 : 상고노결탕
(상황설정, 고민하기, 노력사례, 결론제시)

1. 상고노결탕의 효능

언제부터인가 스토리텔링이란 단어를 자주 접하게 되었다.
 직역해 보면 Story + Telling, 즉 이 단어를 해석하면 '이야기를 하다' 정도로 해석될 수 있지만 단순히 이야기를 한다는 개념이 아닌, 살아 있는 이야기를 재미있고 실감 나게 이야기해야 한다는 의미가 내재되어 있다.

우리는 일상에서 수많은 이야기를 들으며 살아가고 있다. 우스갯소리, 험담, 경험함, 구전에 의해 돌고 도는 많은 이야기들이 그것이다.

그렇게 많은 이야기를 듣고 살아가며 귀담아듣는 이야기가 있고 흘려듣는 이야기도 있기 마련이다. 심지어 재미있고 흥미진진하게 말하는 사람이 있는가 하면 엄청나게 재미있는 이야기에도 재미를 가미하지 못하는 사례를 자주 접하게 된다. 이는 사람에 따라 이야기를 전달하는 방법이 천차만별 다르기 때문이다.

재미있는 이야기, 살아 있는 이야기, 그러한 많고 많은 이야기들을 재미지게 이야기하고 싶은 욕망은 누구나 갖고 있을 것이다.

그럼 스토리텔링에 능한 사람들의 이야기 비법은 무엇이란 말인가? 국어 수사법 중 대표적인 수사법 직유법&은유법을 주목해 본다.

스토리텔링을 위해 우선적으로 이해하고, 쉽게 적용할 수 있어야 하는 것이라 주장한다.

1) 직유법(Simile)

직유법은 여러 수사법 중 가장 많이 쓰이는 수사법의 일종이다.

주로 시, 소설 등에 압도적으로 많이 쓰인다. '~같은', '~처럼', '~하듯' 등에 주로 사용되는 것이 직유법이다. 시와 소설에서 자주 사용되는 이유는 읽는 이로 하여금 연상, 상상, 이해를 돕기 위해 매우 다양한 모습으로 사용된다.

ex) 요즘 따라 내 거인 듯 내 거 아닌 내 거 같은 너~[3]

2) 은유법(Metaphor)
위의 직유법과는 대조되는 성향을 가진 것이 은유법이다.
A=B('내 마음은 호수요[4]', '인생은 한 잔의 술이다')
표현하는 대상을 다른 대상에 비겨서 표현하는 방법이 되며 은유는 듣는 이들에게 근거, 명분, 확신, 이해 등을 유도하는 데 매우 요긴하다.
단순 1차원적 스토리가 아닌 일종의 3D형의 표현기법이 되므로 청자들의 반응은 더욱 강하게 나타나게 된다.

ex) '스피치는 힘이다', '밥이 보약이다', '이 안에 너 있다'

그럼 이제 본격적인 상고노결탕의 효능을 알아본다.
상고노결탕의 주목적은 입이 아닌 귀가 된다. 즉 말하는 이를 위한 것이 아니라 듣는 이들을 위한 것이라고 해도 과언이 아니다.

우선 말을 재미있게 해야 하는 사람들은 누구일까?
그 옛날 기업인, 정치인, 기타 고위공직 인사들은 요즘 시대와 대조되는 듯한 보수적 성향들이 두드러지게 나타났었다. 물론 지금 이 시대 역시 각자의 천성에 의해 덜 개방적이고 덜 적극적이며 공개적 자리에서 쉽게 회피하는 모습들도 여전할 수 있겠지만, 분명한 것은 과거 그 어느 때보다도 우리나라 우리 국민들의 의식은 심히 개방과 소

---

3 〈썸〉, 소유, 정기고, 《썸》, 2014
4 〈내 마음은〉, 김동명, 《김동명 시선》, 장은영 엮음, 지식을만드는지식, 2012

통이 자유로운 단계까지 진입한 모습이다.

　스토리텔링의 중요성을 인식한 사람들이 그만큼 늘어 가는 추세임을 말해 주듯 정치도, 경영도, 군사도, 외교도 너 나 할 것 없이 소통의 중요성을 강조한다.
　이젠 회전의자에 앉아 묵직한 얼굴로 무게 잡으며 다소 상징적인 모습의 리더들은 서서히 설 자리를 잃어 가는 듯하다. 적어도 스피치 환경에선 분명한 현상이다.

　상대가 청소부이든 경비원이든 격이 없이 다가가 농담을 주고받던 오바마 대통령의 모습은 이 시대가 바라는 나눔, 소통의 모델로 충분해 보인다. 스토리텔링을 언급하며 오바마 전 대통령까지 등장시킨 것은 대중과의 개방 지수가 높을수록 스토리텔링의 효과가 비례하기 때문이다. 물론 사장님의 유치한 아재개그에 리액션을 아끼지 않아야 하는 직장인들의 애환이 마음에 걸리지만, 말하는 이의 기본 정보와 스타일을 이해한 대중들이 스토리텔링을 통해 함께 웃고 함께 즐기며 함께 나눌 가능성이 높아지기 때문이다.

2. 스토리텔링 chapter.1 '상황을 설정하라'

　상고노결탕의 첫 번째 관문인 상황설정은 이야기의 시대적 배경, 등장인물들의 심리, 직면하게 된 상황을 생생히 묘사하는 것부터 시작이다.

청중들의 기대심리를 너무 높여도 문제가 될 수 있겠지만, 반대로 기대를 저버리며 시작하는 이야기는 더더욱 관심에서 멀어지게 된다. 그러므로 이야기를 이끌어 가는 과정에 청중들의 경청자세, 집중도, 흥미도 또한 골고루 챙기며 상황을 설정해 나아간다.

일반적인 예

ex) 옛날 옛날 아주 먼~~~ 옛날에

* 사람도 없고 차도 없는 어느 시골 마을이었어요.
* 제가 이 회사에 첫 출근했던 날
* 고객과의 첫 번째 상담전화를 했을 때 정말 힘들었습니다.
* 엊그제 라디오를 듣다가 한 가지 아이디어가 떠올랐습니다.

그럼 지나치게 상황 설정을 하게 되어 스토리텔링을 그르치는 사례를 본다.

ex) 지나친 상황 설정

* 정말 무서운 얘기 해 드릴게요. 너무 무서워서 잠도 못 잤어요.
* 어제 총무부 김 대리로부터 이 소식을 듣고 엄청 소름 돋았습니다.
* 우리는 지금 이러고 있을 때가 아닙니다. 제 얘기를 끝까지 들어야 합니다.

물론 기대치를 높인 상태에서 스토리텔링의 전체적인 이야기가 훌륭한 소재, 과감한 전개, 원활한 표현력, 제스처와 음성의 조화 등 여러 가지 요소들이 package되어 있다면 타당하겠지만, 단순히 흥미유발을 위한, 집중받기 위한 의도라면 그 이야기는 빗나갈 가능성이 발생하게 된다.

그렇다면 TV 속의 상황설정을 검토해 본다.
상황 설정(등장인물들의 심리상태 묘사, 이야기의 흐름, 직면한 문제 등)을 시청자들에게 반복적으로 들려주며 언제든 이해를 돕는 효과가 연출된 사례들이다.

* 미국 드라마 A-TEAM 오프닝 내레이션
10여 년 전 특공대원 일부가 그들의 무죄를 주장하며 삼엄한 경비망을 뚫고 잠적한 사건이 있었다. 만일 그 누구도 해결할 수 없는 문제가 있다면 A-TEAM과 상의해도 좋을 것이다.

* SBS 웃음을 찾는 사람들 웅이 아버지 코너 오프닝
"이 이야기는 웅이 아버지의 이야기를 그린 휴먼 다큐멘터리입니다."
"'제○○화 웅이 아버지 (　)하다'. 함께 보시죠."

* KBS 가요무대 인사말
"멀리 해외 동포 여러분, 해외 근로자 여러분 안녕하십니까."

가요무대라는 프로그램을 단 한 번 시청한 적 없던 세대라 하더라도 '아 이 방송은 해외로도 송출되며 해외 동포들에게 인기가 있는 프로그램이구나', '그렇다면 우리나라 우리가요를 대표하는 무대들이 연출

되겠구나?' 하는 생각을 무의식적으로 인식하게 될 것이다.
　또한 A-TEAM이 쫓기는 신세이며 대단한 능력자들이란 사실을 이해하게 되었을 것이다.

　스피치 환경도 크게 다르지 않다.
　국어 교사도, 상담사도, 강사도, 정치인도, 세일즈맨도 정보전달 이전에 상황설정용 언어에 능숙해야 한다. 청중의 집중과 흥미를 도울 수 있으므로 청중과의 정신적 교감이 반드시 필요하다. 마치 자동차를 시동 걸 때 예열이 필요하듯, 국이나 찌개가 세팅되기 전 간을 봐야 하듯이 말이다.

　상황 설정!
　아직도 이해를 못 하신 일부 독자가 계실 듯하여 초간단 정리를 해보았다.
스토리텔링-상황 설정-무게 중심-공감 형성-집중도 유발-유대감 형성-집중도 유지

　정말 재미있고 유익한 이야기라 해도 이야기의 전달자가 무미건조형 스피치를 구사한다면 이 귀중한 시간의 의미는 이미 상실되고 말 것이다. 그러므로 스피치의 뼈가 논리라면 스피치의 살은 스토리텔링이 된다.
　상황을 우선적으로 설정하란 이야기는 청중과의 원활한 소통과 교감을 위한 목적으로 스토리텔링의 초점을 조절하는 것과 같다.
　무게중심은 나 자신을 위한 이야기, 나에 의한 이야기가 아니다. 상대방, 청중, 그들을 위해 일부의 시간을 할애할 줄 알아야 하고 청중의 입장을 간과하지 않아야 한다는 것이다.

학원에서 여러 회원들과 스피치 실습을 하다 보면 유난히 많이 등장하는 말 가운데 '저 같은 경우는'이 있다. 물론 관련 증언과 사례, 근거를 위해 등장해야 하는 단계이기도 하겠지만, 주어진 3~5분이란 실습시간에 자주 남발되는 회원들이 있기 마련이다. 요즘 초등학생들 사이에 유행되는 비속어 가운데 '안궁(궁금하지 않다)'이란 말이 있듯이,
어쩌면 지금 이 시간 이 청중들은 내 이야기를 듣지 않고 있을 수도 있겠으며 나 자신의 이야기를 중점적으로 하는 것이 아니라 문답식으로 구사해야 되겠다는 생각도 상당수 요구된다.

상황설정을 끝으로 다소 바람직한 오프닝 스피치 사례들을 모아 보았다.
학교, 군부대, 세일즈 상담, 기업 회의, 방송인, 토론장 등등에서 활용

* "잠시 후 30분 후부터는 여러분 식사시간이므로 짧게 두 가지만 전달하겠습니다."
* "먼 길 오셨으니까 상담시간 충분히 해 달라고 원장님께 부탁드릴게요."
* "제 이야기 끝나면 각 부서별 업무보고 준비해 주세요."
* "스마트폰 보고 보행하시다가 혹시라도 여러분이 위험해질까 두렵군요."
* "제 발언을 더 길게 할 수 있었지만 퇴근시간 고려해서 이만 마치겠습니다."

위의 상황에서 나타나는 공통적인 현상은?

1) 청중 중심 발언
2) 현재 상황에 대한 직/간접적 광고
3) 자신보다는 전체적 입장에 무게를 둠
4) 유대감 형성을 위한 최소한의 노력

위의 제시된 상황설정은 표면에 불과하며 실제 스토리텔링의 상황설정 단계는 더 번잡할 수 있다, 청중과 익숙하지 않은 관례라면 더욱 그러하다. 하지만 원리는 벗어나지 않을 것이다.
상고노결탕의 주 목적은 입이 아닌 귀가 된다.

3. 스토리텔링 chapter. 2 고민을 재구성하라!

앞서 Chapter.1에서 여러 상황을 설정하는 사람은 말하는 이, 즉 연사(speaker) 자신이며,

고민을 재구성한다는 것은 청중들로 하여금 그들 나름대로의 상상력을 통해 자신의 입장을 투사(projection)할 수도 있고, 기타 이야기를 듣고 있는 동안에 각종 방어기재가 등장하게 됨을 유도하는 3D형 이야기를 구사할 수 있어야 한다.

내용이 일부 어려울 수 있겠지만 이야기의 구성방식을 전지적 작가 시점으로 설정하는 것이 중요하다. 연사의 이야기에 자신의 입장을 접목시킬 수 있도록 유도해야 하며 여러 선택으로부터 청중 각자에게 선택권을 부여하기도 한다.

ex) 재구성의 예

"여러분이 만약에 기계적 재능을 가진 학생이었다면 자신의 진로를 어떻게 설계했겠습니까? 엔지니어? 발명가? 공학도? 자신의 재능을 발휘할 수 있는 여러 진로를 탐구하고 개척했을지 모릅니다. 하지만, 부모에 의해, 담당교사에 의해 자신의 적성과 무관한 법학공부나 경영학을 배우라고 압력을 받게 된다면 여러분의 선택은 어느 쪽으로 방향을 잡아 가겠습니까?"

"그렇습니다."

"오늘날 우리의 교육이 절대적으로 최선이라고 인정할 수 없는 이유가 여기에 있습니다."

"새는 하늘을 날 수 있을 때 자유롭고, 물고기는 물속에서 헤엄치는 것이 가장 자연스럽고 당연한 일입니다. 하지만 우리의 날개를 보고도 헤엄치라 하고 있고 우리의 아가미를 보고도 날아오르라 하며 우리의 재능을 엉뚱한 곳에서 허비하고 있지는 않았습니까?"

위와 같이 청중의 참여와 흥미, 집중도를 고루 섭렵할 수 있는 최선의 방법은 바로 청중들 개개인을 각자의 입장에서 되뇌게 하는 '전지적 작가시점'의 구성방식을 활용할 수 있어야 한다.

이는 스토리텔링뿐만 아니라 연극, 영화, 소설 등 매우 다양한 매체에서 활용되고 있다.

오래전 우리 고전 한국영화에 자주 등장하는 스토리 가운데 엄마와 자식을 생이별시켜 놓고 서로가 서로를 찾아가는 전개방식이 있었다. 그 속에서 수차례 엇갈리는 등장인물들의 모습을 보며 함께 눈물 흘리고 아쉬워하던 것은 관객들이 자신의 가족을 떠올리게 되며 자신을 영화 속 인물로 묘사하는 과정에 슬픔을 느끼게 되는 것이었고 그러한 스토리는 작가에 의해 시나리오로 만들어진다.

또한 최근 미국 영화물 중 슈퍼히어로들이 대거 등장하여 자신들의 능력을 이용하는 모습들도 이 시대를 살아가는 여러 일반인들이 자신의 현재 능력을 돌아볼 수 있는 동시에 주인공들의 모습에서 대리만족을 할 수 있게 되므로 영화의 흥행성이 높을 수밖에 없는 것이다.

긴박한 상황을 마주하는 장면이 많은 것은 관객으로 하여금 함께 고민할 수 있는 유대감을 조성하는 것으로 해석해 볼 수 있으며 매 순간 위기를 맞이할 때마다 용감히 맞서며 문제를 해결해 나아가는 등장인물로 하여금 현재 자신이 직면한 문제를 당당히 맞서게 하는, 일종의 동기부여가 되는 것이다.

이야기에 의해 청중들을 동요시킬 수 있으며, 이야기를 통해 청중들의 행동을 유도해 나아갈 수 있는 것이다.

우리 영화 〈왕의 남자〉에도 이와 같은 구성방식이 등장한다.
주인공 공길이의 인형극을 보며 왕은 자신의 어머니가 돌아가시게 된 배경에 눈을 뜨게 되고 가담자들을 물색하여 피바람을 불게 한 장면이 바로 그것이다. 이처럼 스토리텔링은 청중의 입장에서 들을 만한 가치가 충분하다 생각되고 인식하게 되면 자신의 잣대로 상황을 본능적으로 가늠하게 된다. 심지어 생각과 행동 등이 고루 영향을 미치게 되므로 스토리텔러는 이러한 점을 결코 간과해서는 안 된다.

끝으로 스토리텔링을 위한 Chater.2를 마무리하며 한 줄 요약을 하면,
'청중들에게 점층적인 일거리를 주어라'라고 정리한다.

여기서 일거리란?
생각거리, 질문거리, 선택할 거리, 고민거리 등을 의미한다.
스토리텔링은 말하는 이 듣는 이 모두의 작업이었던 것이다.

4. 스토리텔링 chapter. 3 노력을 구체화하라

스토리텔링을 위한 과정 중 가장 박진감 넘치는 부분은 노력단계가 아닐까? 한다.
상-고-노-결 단계를 구체적으로 분석해 보면 상황설정은 집중과 이해를 위한 단계로 보고
고민 단계는 흥미와 공감을 위한 단계로 본다면 이번 노력 단계로 하여금 청중의 기대심리를 본격화, 가속화시키는 단계로 분석할 수 있겠다.

상고노결의 상황(집중과 이해를 위한 시간)
상고노결의 고민(흥미와 공감을 위한 시간)
상고노결의 노력(청중의 기대심리 가속화 단계)
상고노결의 결론(결론 및 목적(교훈, 설득, 행동 제시))

스토리텔링의 우선적인 목적이 있다면 무엇일까?

목적에 대해 굳이 초점을 맞춰 보면 그 첫 번째로는 이해와 설득을 위한 하나의 과정으로 볼 수 있겠다. 청중들의 입장에서 우리가 무엇을 위해 살아가야 하고, 어떻게 대처해야 하고 왜 그러해야 하는지에 대해 깊이 있는 접근을 통한 근거와 사례 제시들이 듣는 이들로 하여금 공감을 얻어 내기 때문이다.

예를 들면
"여러분은 자신의 능력과 수준이 어느 정도라고 인식하고 있습니까?"
"흔히 말하는 고급인력입니까? 아니면 전혀 개발되지 않은 원석과도 같습니까?"
"이도 저도 아니라면 그저 거품과 같은 불안정한 네임 밸류를 갖고 있습니까?"
"어느 날 까마귀 한 마리가 양 떼들이 풀을 뜯는 농장을 지켜보고 있는데 독수리 한 마리가 나타나선 커다란 양 한 마리를 발톱으로 낚아채는 모습을 보게 됩니다.
그 모습을 지켜보던 까마귀가 하는 말이
"와~ 대박", "헐~~ 짱이야."
'나도 해 보자' 하고 까마귀가 날아갑니다. 그리고 양 한 마리를 선택하고 발톱으로 채어 가려는 순간! 아뿔싸!
발톱에 양털이 얽히게 되어 퍼덕이다 그만 양치기에게 현장에서 검거됩니다. 그 양치기는 자신의 가족에게 이렇게 말했습니다.
"자신이 독수리쯤 되는 줄 알았나 봐요.""

위의 이야기에선 여러 교훈이 다각도로 등장하게 된다.

분수에 맞게 살자, 겸손하자, 판단력, 자신의 처지 이해 등 듣는 이들이 자신을 돌이켜볼 수 있도록 수많은 기회들을 제공할 수 있어야 한다.

노력 단계에서 기대심리를 가속화해야 하는 이유는 지금까지의 스토리텔링 과정에 의한 1차적 결과물이 나타날 수 있는 중요한 단계이기 때문이다.

만약 여러분이 그 어떤 주제라 하더라도 맞은편의 청중들로부터 추임새를 얻어 낼 수 있다면,

혹은 아래와 같은 반응을 만들어 내고 있다면 이러한 단계가 연사(스토리텔러)로서 충분히 노력을 하고 있는 모습이며 생동감을 만들어 내는 절정의 단계라고 볼 수 있겠다.

아하!! 맞네!! 그렇지!! 와!! 역시! 과연!

우리나라는 상당히 오랜 세월 동안 스피치에 대해 잘못 이해한 듯한 모습이다.

단상을 내리치며, 혈압을 올리며 자신이 준비했던 이야기만을 마치 단독 드리블하듯 이끌어 가는 모습들에 의해서 일종의 '각인효과'로 자리 잡힌 듯하다. 하지만 시대도 변했고 대중들의 의식과 가치관도 동반되어 변했으며 연설을 받아들이는 자세도 변해 버렸다.

그 대표적 근거로 결혼식 주례사가 그러하고 교장 선생님들의 조회 연설도 그러하며 각 기업의 대표이사들이 그러하다. 이젠 더 이상 단방향성의 스피치에 영향을 기대하긴 어려워졌다. 같은 내용이라도 지금 눈앞의 대중이 누구이고, 그들이 원하는 것이 무엇인지에 대해 공

략을 세우지 않으면 안 되는 것이다. 그러므로 귀~한 시간 할애하여 자신의 이야기를 듣고 있는 그들을 위한 최소한의 노력이 어쩌면 스토리텔링일지 모른다.

더 재미있는 표현과 몸짓, 반응이나 답변을 기대하지 않는 자연스러운 질문화법 등 여러 가지 요소를 복합적으로 시도하는 자세를 일컬어 스토리텔링의 노력하는 자세로 규정할 수 있겠다.

그렇다면 여러분의 스토리텔링 능력은 어느 정도인가?

우리 앞에 있는 그들이 원하는 것이 무엇인지 그들에 의한 대표적인 키워드들이 무엇인지 간파하고 이야기하고 있는 것인가?

그래서 준비한 것이 있다. 이후부터는 그들에게 무게 중심을 두고 말하며 스피치가 끝날 때까지 청중들의 눈과 귀를 집중적으로 주목받을 수 있도록 그들?부터 간파하자.

ex) 세대별 주요 관심사(2017년 회원 100분으로부터 응답 받은 자체 조사 자료)
* 04~07세: 텔레비전 주인공, 과자 및 간식류, 동요, 율동, 게임 기타 오감을 자극하는 소품
* 08~12세: 스마트폰 게임, 온라인 게임, 과자류, 체험활동, 부모, 연예인, 또래 친구
* 13~17세: 스마트폰, 성적 관리, 온라인 게임, 연예인, 학원, 패스트푸드, 동성 및 이성 친구
* 18~21세: 성적 관리, PC 및 스마트폰, 연예인, 이성 친구, 용돈, 자기

계발, 외모

* 22~29세: 진로 및 취업, 결혼, 돈, 병역과 졸업, 자기계발 및 Specification
* 30~40세: 결혼, 돈, 육아, 취미활동, 갈등관계, 주거생활, SNS, 부모님
* 41~50세: 육아, 돈, 건강, 취미활동, 재테크, 부모님, 정치, 국제관계, 휴식
* 51~60세: 건강, 여가 및 취미활동, 돈, 부모형제, 국가경제, 정치, 재테크
* 61~70세: 은퇴 및 복직, 건강관리, 가족걱정, 개인 여가활동, 사회보장, 연금, 휴식
* 71세 이상: 건강관리, 가족걱정, 여유자금, 여가활동, 국내외 정치관계, 육아, 반려동물

하지만 변수가 있다. 대상자의 구성이 다세대인 경우가 그러하며, 이른바 불특정 다수인 경우엔 흔히 말하는 타깃팅이 어려워지게 된다. 그럴수록 연사는 다중적 접근을 해야 하며 스피치 경험이 많을수록 쉽게 실마리를 풀어가게 된다.
즉 대중의 참여를 기대할 수 있느냐 없느냐의 문제가 아닌, 대중의 참여를 이끌어 내고 있는가? 아닌가?의 문제이다.
그러한 자세를 일컬어 스토리텔링을 위한 노력하는 자세로 규정할 수 있다.

[20] SPIRIT OF SPEECH : 4맨탕(foreman soup)
(맨정신, 맨손, 맨발, 맨몸)

1. 4맨(foreman)탕의 효능

* 원고에 의한 형식적 노선으로부터 자유롭다.
* 자신의 리더십, 영향력을 스스로 조율한다.
* 소품에 의존하지 않고 자신의 감각에 의존한다.
* 시선을 의식하는 입장에서 즐기는 입장으로 변모한다.
* 오직 자기 자신의 신념만으로도 모든 스피치를 구사한다.

한 후배가 있었다. 그 후배는 평소 습관적으로 메모를 한다. 자신의 일정, 감정 상태, 격언, 기타 정보들을 정말이지 병적으로 메모하는 후배였다. 물론 메모를 한다는 것이 문제 될 것이 없다. 오히려 메모 좀 하라고 권장하고 싶다.
단!!
발표 및 강의를 하는 강사의 신분과 입장에서는 특히 메모지를 소지하지 않는 것이 좋다.
연사의 실질적 능력을 저해시키는 것 중 하나가 메모지이다.

4맨탕은 일반적인 기법(이전에 소개된 여러 기법)과는 전혀 다른 개념이라고 정의한다.

방법론적 접근이 아닌 인식론적 접근임을 강조한다.

비둘기의 넓은 시야로 하여금 자신이 어떠한 찰나에도 즉시 날아오를 수 있는 감각,

고양이가 높은 담벼락을 점프해서 올라갈 수 있겠다는 신념 등과 매우 유사하다.

즉 외부적 측면으로 주어진 발표 상황에 방법들과 대안을 바탕으로 문제를 해결해 나아가는 자세와 달리 자신만의 감각을 스스로 신뢰할 수 있는 심리적 자세가 그 중심이라고 규정할 수 있게 되며 자신에 대한 끊임없는 긍정의 동기부여가 결과적으로 큰 성과를 만들어 내게 된다.

흔히 자신감을 가져라! 자신 있게 말하라! 등의 조언은 누구나 할 수 있는 말이겠지만,

발표자가 자신의 능력을 100% 신뢰하고 있다면 그 자체만으로도 이미 절반은 성공인 셈이다. 그러므로 4맨탕을 쉽게 활용할 수 있는 발표자는 아무래도 발표 경험자가 유리할 수 있겠으며 성공적 발표 경험자보다도 실패의 경험을 안고 있는 경험자의 성공 확률이 높아지게 된다.

만일 과거 프레젠테이션, 부서별 회의 등 실무적 발표 경험에서 크게 실수했거나 호되게 혼이 났던 경험이 있다면 실패의 원인을 분석하게 된다. 만일 그러한 사소한 실패의 원인들을 분석하지 않고 자신만의 아집으로 고수한다면 이 또한 실패의 악순환을 부르는 행동이 된다.

발표 대형, 시간, 관심사, 표현, 반론법, 근거 부족, 경험 부족, 순발력 부족 등 자신의 고질적 특성과 핸디캡을 객관적으로 인지하고 여러 변수에 대비할 수 있다면 성공 스피치를 얼마든지 기대해도 좋을 것이다. 지피지기면 백전백승인 것이다.

2. 4맨탕을 효율성을 위해선?

1) 자신의 현실적 입장을 개방하는 자세로

발표자의 컨디션도 늘 한결같을 순 없을 것이다. 어느 날은 잠이 부족하여 말의 집중력이 저하된 채로 말할 수도 있고, 자신의 가정 내부적 갈등에 의해 소위 말하는 '말할 기분이 아닌' 날도 있을 것이다. 이 밖에 유난히 의식되는 대상자가 있을 수도 있을 것이다.

이러한 불편함을 고스란히 감수한 채 발표를 시작한다면 당연히 부자연스러운 모습이 간헐적으로 노출되게 될 것이고 발표의 실효성도 지속되기 어렵게 된다.

그럴수록 다음과 같은 도입을 시도해 보면 바람직하다.

"제가 사실 발표 경험이 많은 것도 아니고, ○○○ 부장님처럼 재미있게 말하는 재주도 없습니다. 그래서 제 발표는 최단시간에 끝낼 예정입니다. 재미있게 말하는 재주는 없다 하여도 저에게 주어진 시간 최선을 다해 발표하도록 하겠습니다. 그런 의미에서 박수 한번 받고 발표를 시작한다면 최선을 다해 발표하겠습니다."

"오늘 이 순간을 위해서 며칠 동안 프레젠테이션을 준비해 왔습니다.

하지만 오늘도 여전히 떨리는군요. 말씀드리기 송구하지만 제가 1년에 딱 한 번 이렇게 떨리는 현상이 생깁니다. 하필이면 그날이 오늘입니다."

"이렇게 연단에서 여러분을 내려다보니 크게 반성하게 됩니다.
늘 쉽게 생각했던 발표인데 앞에 서 보니 정말 긴장됩니다. 사장님 이하 차장님, 부장님은 이러한 발표를 매번 하시는데 그간 아무 생각 없이 임했던 것 같습니다. 오늘을 계기로 더 경청하고 집중하는 사원이 되어야 하겠습니다. 그럼 반성하는 마음을 필두로 발표를 시작하겠습니다."

2) 점층적 구성방식으로 참여도를 유지한다

발표의 목적이 무엇인가? 도대체 발표의 진짜 목적은 무엇이란 말인가?
아이디어를 공유하기 위함인가? 대안을 제시하기 위함인가? 사례발표로 하여금 새로운 운영방침의 설정을 위한 것일까? 여러 이유가 있을 수 있지만 발표자의 열의 못지않게 청중의 열의도 일치되어야 한다. 만약 발표자가 혼신의 힘을 다해 발표한다 하여도 같은 장르의 프레젠테이션을 세 차례 네 차례 반복적으로 듣고 있는 청중들의 입장을 헤아리지 못했다면 그 또한 의미 없고 불편한 시간이 되어 갈 것이다.
열심히 설명해도 경청하지 않는다면? 이해하지 않고 있다면? 적용하지 않고 있다면? 공감하지 않고 있다면 이를 어찌 효율적인 발표라 할 수 있을까? 그러므로 발표자는 언제나 촉각을 곤두세우고 청중들의 반응을 반사적으로 살필 수 있어야 한다.

예를 들어 필요 이상의 메모를 하는 청중이 많다는 점, 발표자의 생각으로는 굳이 이 부분을 적지 않아도 된다고 판단했지만, 고개를 숙이고 있는 청중이 많다는 것은 그들로부터 관심사가 멀어지고 있을 가능성도 의심해야 한다. 또한 청중들의 시선이 간헐적으로 시계를 돌아보거나, 핸드폰 시간을 점검하는 등의 움직임이 포착되고 있다면 발표자의 발언이 너무 오랜 시간 지속되고 있거나 자기중심적, 주관적 발언이 연이어 등장하고 있을 가능성이 있다. 물론 이상적인 발표는 시간 가는 줄 모르게 진행된 발표가 되겠지만, 청중들의 needs를 채우기가 어디 그리 쉬운 일이겠는가?

전체적 질문 화법-개인적 질문 화법- 웃음 유발을 위한 갖가지 시도가 요구된다.

그러한 일이 발생되어선 안 되겠지만 청중들의 참여도가 전~혀 없으며 참으로 무미건조함의 연속적인 스피치를 행하고 있을 경우를 상상해 보자. 이처럼 연사, 발표자가 사실상 실패를 감지한 경우엔 대형을 바꾸는 과감함, 또는 일부 이벤트성 프로그램의 시도 등이 아주 바람직한 자세라고 본다.

규정에 얽매이고 순서에만 입각한다면 결국 청중들이 예측한 대로 되는 것일 뿐이다.

변수를 만들고, 이벤트를 만들고, 의외의 결과들을 자유롭게 만들 수 있는 발표계의 다크호스가 되어 보자.

3) 주종관계와 수평&수직 관계를 이해한다

목차 5번 '순창적응탕'을 다시 한번 인용해 보면 연사, 발표자, 프레젠터, 진행자, 강사 등을 통칭할 수 있는 말이, MC이다. 그 주어진 시간 동안 그 발표자는 사실상 주인인 셈이다.

누가 갑이고 누가 을이냐를 굳이 따져 보면 발표자가 우선적으로 '갑'이 된다.

발표자, 진행자가 국민의례를 위해 '자리에서 일어서겠습니다'도 타당하지만 그 시간만큼은 '국민의례가 있겠습니다. 전체 일어섯!' 해도 타당한 것이 된다.

또 다른 예를 들어 보면 비행기 내의 여성 승무원들이 비행 중 불의의 상황을 직면하게 될 때엔 악역으로 돌변하게 된다. "일어섯!! 뛰어!! 짐 버려!! 버려!!" 등의 폭언을 지시하게 된다. 이는 1분 1초가 급박한 상황이므로 어떻게든 골든타임을 허망하게 날릴 수 없기 때문이다. 직장 내 자신의 직급이 비록 낮은 위치라 하더라도 발표자의 신분이 되었을 땐 상당한 영향력을 갖게 되는 것이다.

또한 같은 부서의 동료들과는 수평적 관계를 유지했다 하더라도 발표 순간만큼은 수직적 위치에 서게 된다는 점을 인식하여야 한다. 프레젠테이션은 불편함과 번거로움도 주지만 그만큼 강력한 영향력을 제공한다고 볼 수 있다.

직장 생활에서 직급이 오르면 오를수록 프레젠테이션, 회의 진행, 토론 진행, 사회 진행은 사실상 불가피하다. 그렇다하여 늘 회피하는 자세로 일관한다면 언젠가는 감당할 수 없는 자괴감과 패배 의식, 상실감 등을 직면하게 된다.

그래서 4맨(foreman) 정신으로 무장해야 하는 것이다.

4) 자신의 능력을 신뢰한다, 성패는 자신이 결정한다

청중의 표정은 연사의 표정이고, 청중의 적극성은 연사의 적극성에서 비롯된다.

스피치 학원에서 가장 많이 하는 훈련 가운데 '개방훈련'이 있다. 이 개방훈련이란 것은?

오랜 관행으로 누적된 폐쇄적 성향과 비우호적 성향을 관계 지향적 성향으로 바꾸는 훈련이 되며 기초적인 이미지 개선 훈련(표정, 제스처, 시선)부터 파격적인 롤플레잉(role playing)에 이르기까지 연사의 무의식적 Character를 적극적으로 이끌어 내게 된다.

이러한 훈련 프로그램이 제시될 때 참가자들의 모습은 참으로 다양하다. 마치 해당 프로그램을 기다렸다는 듯이 열의를 다하는 참가자가 있는가 하면, 끝까지 자발적이지 못하고 프로그램 진행 시간 내내 비사교적인 모습까지 보이게 된다.

청소년부터 대학생 등 사회생활의 본격 단계 이전의 세대는 자발적 리더십, 공감형 리액션 등이 상대적으로 낮은 모습이지만, 직장인 남녀의 경우는 개방훈련 등에서 특히 두각을 나타내게 된다. 억압된 스트레스나 발산하지 못했던 정체성에 대한 일종의 저항성이 보다 강하게 어필되며 의식의 개방을 촉진하게 된다. 특히 간부급인 경우가 더더욱 강한 개방성을 보이고 있었으며 직급과 나이가 높거나 많을수록 더 수월한 open mind가 되었다.

이러한 현상에 대해 신 원장은 불(火)로 표현한다. 즉 불이 붙는 사람이 잘 개방된다.

바꿔 말하면 개방된 사람일수록 더욱 열정과 적극성을 발휘할 가능성이 높은 것이다.

그러므로 성공적인 발표를 위해선 개방적인 성격이 매우 중요하고 개방적인 연사는 표정과 리액션, 진행 방식이 활기찬 모습을 보이게 되며 주변인마저 밝은 자세로 전파시키는 마법?을 발휘하게 된다.

발표를 앞둔 연사는 다음과 같은 마음의 준비를 하면 유효하겠다.

(1) 예측

첫 번째로 예측하라는 것이다. 다음 순서, 다음 발표자, 청중의 움직임, 청중의 반응, 청중의 주요 관심사, 자신의 발표 중 발생될 수 있는 변수 등을 항시 예측하고 있어야 하며 예측단계는 기획단계가 되고 후에 기획하고 묘사했던 모습들을 단계적으로 풀어 갈 수 있어야 한다.

(2) 도입

두 번째로 50%를 도입에 걸어야 한다. 도입의 중요성은 굳이 설명하지 않아도 충분히 공감하는 부분일 것이다. 여기서의 50%는 주의 집중을 위한 SPOT 기법과 더불어 최단시간 내에 청중들의 흥미, 집중도, 참여도를 이끌 수 있는 Ice breaking 프로그램의 적용을 의미한다.

본 내용은 이후의 반명함탕에서 집중적으로 다뤄지게 된다.

이 밖에도 그 규모가 작은 규모라 했더라도 과거의 성공사례들로 하여금 자신을 최대한 동기부여 할 수 있어야 한다. 이는 오직 자신과의 싸움이 되는 순간이므로 의지의 강약에 따라 효과 또한 천차만별이 된다. 록키가 링에 오르기 전 "NO Pain NO Gain"을 외치듯, 자신의 무대에 자신을 담그며 자신의 모습을 즐길 수 있는 모습이야말로 진정한 자신감이 아닌가 한다.

[21] 유쾌함을 만드는 스피커 : 반명함탕
(반응, 명령, 함성)

강의나 연설, 설교가 직업인 사람들은 같은 고민을 하고 있을 것이다. 같은 시간 대비 더욱 경쟁력을 갖춘 말솜씨로 인해 자연스러운 참여, 더 나은 성과, 더불어 강사 자신의 실력을 인정받는 삼위일체를 이뤄내고 싶을 것이다.

1. 반명함탕의 효능

주어진 발표나 강의 시간에 참가자들의 협조와 친화력을 기대할 수 있겠으며, 강사의 리더십은 특히 빛을 발하게 될 것이다. 강의장 특유의 정체되고 불통된 분위기에 맞설 수 있는 것이 반명함탕이 되고 강의시간은 물론 이후의 시간과 장소에서 회자될 수 있는 탁월한 효능을 갖고 있다. 강사와 참가자 양측 모두의 활성화를 희망한다면 반명함탕을 처방하여도 좋을 것이다.

2. 반응

유쾌한 강의는 마치 축구와도 같다.

혼자 단독 행동을 하는 것이 아니라 멤버 전체와 함께 가는 것이다. 이와 같이 강의 시간을 강사 혼자 독주한다는 것은 곧 정체되는 현상을 야기하게 되며 참가자 전체의 협조성과 분위기를 고려하지 않는다면 빠른 시간 내에 참가자들은 눈과 귀를 닫아 버리는 현상이 생겨난다. 스타플레이어의 역할도 중요하지만 골대를 향하며 주고받는 패스가 일정할 때 슛의 찬스가 오는 것처럼 참가자들의 참여도를 반사적으로 의식하며 프로그램을 진행해야 한다.

패스가 의미하는 것은 질문을 말한다.

강사의 질문이라 함은 학술적이고 높은 난이도를 연상할 수 있겠지만, 여기서 말하는 질문이란 참가자 집단과 동시에 주고받는 악수와도 같은 것이다.

공감되고 친숙한 인사말과 더불어 그들의 답변을 직접적으로 유도하게 되므로 단시간 내에 서로의 유대감, 동질감을 이끌게 되고 곧이어 호감으로 변하게 되는 것이다.

비록 질문 한마디 건네었을 뿐인데 이러한 효과를 기대할 수 있다면 더더욱 많은 질문을 해야 한다. 또한 구분상으론 질문이지만, 겉으로 보이는 모습은 사실상 대화하는 모습일수록 좋다. 이처럼 단시간에 만들어 내는 Ice breaking 효과로 하여금 강사의 재능과 역량도 더욱 적극성을 띠게 되어 살아 있는 시간 그 자체가 될 것이다.

ex) 반응을 이끄는 초간단 방법들
* 날씨: 더운 날엔 덥냐고 물어볼 수 있고 추운 날엔 춥냐고 물어볼 수 있는, 가장 기본적 시도
* 외모: 강사 자신의 외모를 주제로 해프닝이나 에피소드를 전하며 웃음

과 참여를 유발
* 칭찬: 전체적 칭찬을 말하며 경쟁단체보다 우월한 점을 진정성을 바탕으로 높이 평가해 줌
* 충격: 충격적 주제선정이나 이벤트성 오프닝으로 자신의 강의 시간 전 절취선의 느낌을 새김
* 일정: 식사시간 이전이나 참가자들이 기다리는 스케줄을 언급하며 집단적 집중력을 채움
* 협상: 반응이 없거나 약할 때 자신의 능력을 발휘하지 않겠다며 박수나, 함성을 유도함
* 퀴즈: 집단의 흥미를 부추길 수 있는 퀴즈를 제시하며 참가자들의 참여도를 예측함

앞서 4맨탕에서 언급된 주종관계에 대해 다시 한번 언급해 본다.
장내의 분위기는 주어진 시간을 이끄는 강사(연사)에 의해 좌우되므로 그 책임감 또한 매우 크다 하겠다. 그 책임감이란 것이 집단을 이끌어 가는 현명함, 넓은 시야, 저마다의 순발력 등에 의해 발휘될 수 있다.
강사 자신의 주관이 옳다고 여겨진다면 무리수를 둔다 하더라도 강행할 수 있어야 한다.
자신이 준비한 프로그램에 승산이 없어 보이거나 자신감이 결여되었다 하여 참가자들에게 의사를 물어보거나 참가자들과의 협의를 통한 프로그램의 진행은 곧 중심을 잃어 갈 확률이 높으며 결국 준비했던 프로그램의 목적성과 성과, 효능 등은 이미 의미가 없어질 수 있게 되므로 각별히 신경 써야 하는 부분이 된다.

3. 명령

아주 오래전 군 복무 중 군 내부 행사가 있었고 많은 장병과 장교들이 어우러져 회식을 하고 있었다. 당시 필자는 신입이라는 이유와 팔뚝이 두껍다는 이유로 소대장으로부터 무거운 노래방 기기를 옮겨 올 것을 지시받게 된다. 그렇게 낑낑거리며 노래방 기계를 연병장 한가운데 세팅했을 뿐인데 옆 중대 간부가 다가와 자신의 애창곡을 찾아서 틀어 줄 것을 요구했다. 그 후 또 다른 장병들이 줄줄이 다가와 춤과 노래를 신청하게 되었고 필자는 본의 아니게 마이크를 잡아 들게 되었으며 "다음은 4중대 ○○○ 외 ○명의 ○○○을 들어 보겠습니다."

박수를 유도하게 되었고 그러한 여흥이 끝나갈 무렵 대대장(중령)님으로부터 즉석 시상식을 진행할 것을 명령받았다. 그저 노래방 장비 세팅하고, 신청곡 발표하고, 시상식을 진행했을 뿐인데 그날 대대장님으로부터 우리 부대에 명사회자가 있었다고 공개적인 칭찬과 격려를 하셨다. 이후 전역하는 순간까지 부대 내의 사회자, 부대 내의 강사, 부대 내의 DJ 등 부대원이 모인 모든 집회에서 마이크를 들게 되었다. 당시 행정반에서 마주했던 작전장교(소령)님으로부터 "사회자의 힘이 이렇게 큰 것이구나"라는 찬사를 받으며 사기를 올려 주었다.

지금 생각해 보면 명령이란 것이 다소 투박하고 권위적인 것으로만 인식했었지만, 강사 신분으로서의 명령적 요소는 참가자들의 참여, 경쟁, 성취감 등을 동시에 이끌 수 있는 첨단 스피치 기법이라고 단언할 수 있게 되었다.

"전체 일어섯!!"

"자, 준비 시이작!!"

"이어서 ○○○ 팀의 순서 이어집니다. 모두 입장하겠습니다. 입장!!"

"참으로 애쓰셨습니다. 잠시 동안 서로를 위해 큰 박수 쳐 볼까요? 박수!!~"

반명함탕에서 말하는 명령은 복종을 위한 명령이 아닌, 수긍할 수 있는 범주 내에서의 행동유도형 명령을 의미한다.

자신의 지위를 떠나, 자신의 나이와 능력을 떠나 그들을 안내하고 제시하며 평가하며 격려하며 클라이맥스를 만들어 갈 수 있는 모습이 기분 좋은 명령체계이다.

오늘날 우리와 함께하는 강사, 사회자, 종교인, 정치인등 마이크 앞에 선 그들에게 선의적 명령들이 흔하게 나타나기를 기대해 본다.

4. 함성

끝으로 함성 유도에 대해 설명한다.

참가자들의 원기 왕성한 함성만을 추구하는 것이 아니므로 오해가 없기를 바란다.

함성이란 참가자들이 해당 연사에 대한 존경의 뜻으로 보이는 집단적 행위가 된다. 이를 무조건적 긍정의 시각으로 국한할 수 없는 것은 함성을 지르고 있는 집단의 진정성이 중요하기 때문이다.

함성을 지르고 싶어서 지르는가?
함성을 지를 수밖에 없어서 지르는가?

　북한의 김정일, 김정은에게 보이는 집단의 함성은 누가 보아도 후자에 속할 것이다.
　이러한 함성은 사실상 의미 없는 모습이라고 단정할 수 있으며 인간을 기계적인 기능으로만 활용되고 있는 왜곡된 모습으로 비춰진다.
　미국 프로레슬링을 보면 2~3분 간격으로 선수들이 뛰어나와서 마지막까지 생존을 위한 연출된? 싸움을 하게 된다. 이 프로그램을 보면 반드시 등장하는 법칙 중 하나가 팬들의 기억에서 잊힐 듯한 선수들이 깜짝 등장하며 팬들을 열광하고 자연스러운 함성으로 분위기가 고조된다. 팬들이 함성을 보내는 이유는 과거 그 선수가 보였던 활약상에 대한 그리움, 혹은 그 선수에 대한 또 다른 기대감 등이 과거와 미래를 오가며 완성되는 반응이 된다.

　그러므로 우리는 지금 이 순간 우리 앞에서 나를 주시하고 있는 그들을 쉽게 생각하면 아니 된다. 그들에 의해 나의 능력이 생장·촉진되는 것이며 그들에 의해 나의 네임 밸류와 브랜드 가치, 실력 등이 동시에 성장하게 되는 것이다. 참가자에 의해 참가자들을 위한, 함께할 수 있는 여러 방법들을 시도할 수 있어야 하며 언제나 그들을 존중하는 마음으로 그들을 만나야 한다.

　그들의 반응을 이끌고, 따뜻한 명령을 할 수 있어야 하며 진정성이 가미된 함성을 만들어야 하겠다.

[22] 눈빛과 표정이 곧 설득력 : 이씨쓰리탕
(EC3)

지금 내 앞에서 뭔가 설명하고 있는 그 사람의 모습.
진실을 말하고 있는 것일까? 아니면 권모술수가 담겨 있는 것일까?
밝고 안정적인 이미지를 위해 EC3탕을 들이켜자.

1. 이씨쓰리탕의 효능

 상담, 설교 등 비교적 근거리에서 확인할 수 있는 일종의 확인법이다. 스피치의 진정성 확인에 적합하다. 맞은편 사람의 눈의 모습, 움직임 등에 의해 진정성을 유추할 수 있다. 이는 어디까지나 절대적이지 않기에 스스로 가능성을 추려 내야 하겠다.

2. 시선

EC3='Eye contact 3초'를 의미한다. 이 책에서 유난히 자주 등장하는 3초! 그 3초가 바로 확신의 시간이다. 앞서 이에콘마탕에서도 이번 장의 일부를 전한 바 있다.

대면하고 있는 그 사람과 열십자 선(이마선, 턱선 그리고 양쪽 귀)을 맞췄을 때 EC3와 무관한 얼굴들이 나타나곤 한다.

1) 열십자 선을 기준으로 올려다보는 시선
: 분노, 공격, 복수심, 각오, 투지
올려다보는 정도를 넘어 눈 맞춤의 범위를 넘어가면 혼수상태이거나 접신 중일 가능성이 있다.

2) 열십자 선을 기준으로 내려다보는 시선
: 무시, 경멸, 반대, 거부 등
올려다보는 눈과 같이 부정적 이미지가 된다.
내려다보는 정도를 넘어 눈 맞춤의 범위를 넘어가면 혼수상태이거나 재채기 발사 직전이다.

자신을 기준으로,
좌측 상단을 올려다보는 것은 지난 과거나 기억을 되짚어 보고 있을 가능성이 높다.

우측 상단을 올려다보는 것은 순간적으로 위기를 모면하기 위한 징후일 수 있다.

만일 앞에서 말하는 이가 우측 상단과 자신을 번갈아 가며 시선에 변화를 주고 있다면 진실이 아닐 가능성을 의심해 본다.

나와 다른 사람들에게도 균등하게 EC3를 보이는 사람의 말에 더욱 신뢰를 느끼게 된다.

눈과 눈이 마주치면 열십자 선 내에서 최소 3초를 버텨 보자. 3초… 은근히 길다.

단 1초도 못 버티고 있는 사람이라면 준비가 부족한 사람이거나, 회피 가능성이 열린다.

그것도 아니라면 당신에게 고백해야 할 말이 있을지도 모른다.

단지 3초간 눈 맞추기가 버겁다면 올리고당을 소리 내어 따라 해 본다. 올리고 당~~

그렇다. 눈썹은 올리고 입꼬리는 당긴다. 마주친 3초 안에 그걸 못 하랴.

[23] 잡히고 보이는 모든 것이 이야깃거리다 : 은유시인탕
(Metaphor)

독자님의 시력은 정상이다. 음유시인의 오타가 아닌, 은유시인으로 쓴 것이 맞다.

은유시인탕은 마시는 순간 무적의 스피치가 시작된다. 연설문, 대본, 메모지가 필요 없다.

1. 은유시인탕의 효능

의미가 의미를 낳고 의미가 의미를 만나 의미와 의미가 꼬리에 꼬리를 물게 되니 참로 의미~의미한 스피치 실력으로 활용되는 것과 동시에 스피치 스트레스로부터 해방되는 강~력한 효능이 나타난다.

대부분의 스피치 구조는 실체/의미가 섞인 구조를 보인다. 이를테면 이 책을 쓰고 있는 지금… 책상 위에 볼펜 하나가 보인다. 이 볼펜을 설명해 보겠다. (갑자기)

"이 볼펜은 파란색 볼펜이다. 검은색 볼펜처럼 주력으로 사용되진 않지만 뭔가 중요한 부분에서 밑줄을 긋기에 용이하다."(이것이 실체다.)

"이 볼펜은 파란색이다. 파란색은 젊음을 뜻한다. 나도 젊은이다. 이 볼펜은 나를 위한 젊은 볼펜이다. 그동안 젊은 잉크를 채웠으니 이젠 세상 누군가와 함께 상생하며 그들이 중요하게 여기는 사항들에 밑줄을 그어 주고 싶다. 하지만 이 젊음도 시도하지 않는다면 의미 없는 젊음이 된다. 내 머리 위에 있는 젊어지는 버튼을 눌러야만 내 젊음이 종이란 세상 위에서 젊은 메시지를 써 내려가게 될 것이다."(이건은 은유다.)

1) 은유=Metaphor
이렇게 은유를 즐기는 사람의 스피치는 상대적으로 공감의 실적이 높아진다. 예측을 벗어나고 의외의 공감을 느껴가는 과정에 듣는 이들로 하여금 카타르시스를 느끼게 된다.

우리 눈에 보이고 들리는 모든 것이 이야깃거리가 된다.
내가 알게 된 것은 더 이상 나만 알고 있는 것이 아닌 것이다.
실시간 소통되는 이 시대의 지구인들이라면 이미 실체를 알아차리고 있다.
실체도 중요하지만 의미는 더 중요하다. 그러므로 주변 만물을 놓고 이야기할 수 있다면 스피치의 공포보다 스피치의 설렘이 앞서게 될 것이다.

여기까지 읽어 오며 23가지 탕약을 마시고도 방법을 모르겠다면 인터넷 찬스로 하여금 1프로 신 원장을 찾아 오시오.

단!

1. 이 책을 사랑스레 품에 안고 와야 합니다.
2. 신 원장과 팔씨름 한 판 붙어서 이겨야 합니다.
3. 1번과 2번을 통과하면 학원 등록비 반값에 모십니다.